GUÍA PRÁCTICA DE ACTUACIÓN PARA LA RESTITUCIÓN INTERNACIONAL DEL PATRIMONIO ARTÍSTICO DE LA PROVINCIA DE ALICANTE

ALFONSO ORTEGA GIMÉNEZ
Director

Guía práctica de actuación para la restitución internacional del patrimonio artístico de la provincia de Alicante

Autoras

LERDYS SARAY HEREDIA SÁNCHEZ
ESTHER ALONSO GARCÍA

DIPUTACIÓN
DE ALICANTE

© **Alfonso Ortega Giménez (Dir.) y autoras**, 2025
© **ARANZADI LA LEY, S.A.U.**

ARANZADI LA LEY, S.A.U.
C/ Collado Mediano, 9
28231 Las Rozas (Madrid)
www.aranzadilaley.es

Atención al cliente: https://areacliente.aranzadilaley.es

Primera edición: Junio 2025

Publicación realizada en el marco del Proyecto de investigación «Restitución internacional del patrimonio artístico de la Provincia de Alicante. Guía de actuación», financiado por el Instituto Alicantino de Cultura Juan Gil Albert de Alicante, organismo autónomo de la Exma. Diputación de Alicante; siendo el IP del Proyecto el Dr. D. Alfonso Ortega Giménez; como investigadores participantes: Dr. D. Alfonso Ortega Giménez, Dra. D.ª Lerdys Saray Heredia Sánchez y D.ª Esther Alonso García; y con fecha de la resolución de la concesión el 19 de julio de 2024 (Boletín Oficial de la Provincia de Alicante, N.º 148, de 02/08/2024).

Depósito Legal: M-14678-2025
ISBN versión impresa: 978-84-1085-163-4
ISBN versión electrónica: 978-84-1085-164-1

Diseño, Preimpresión e Impresión: ARANZADI LA LEY, S.A.U.
Printed in Spain

Breve resumen curricular de los autores

Dr. D. Alfonso Ortega Giménez: Licenciado en Derecho, Doctor en Derecho y, Master en Comercio Internacional por la Universidad de Alicante.

Profesor Titular de Derecho internacional privado en la Universidad Miguel Hernández de Elche.

Socio-Director de COEX International Trade, *Spin-Off* de la Universidad Miguel Hernández de Elche, que se dedica al Asesoramiento, Consultoría y Formación en Internacionalización de la Empresa y Planificación Jurídica Internacional. Reconocidos dos Sexenios de Investigación.

Doctor Honoris Causa por la Universidad de San Lorenzo (UNISAL), Universidad Autónoma San Sebastián de San Lorenzo-USAS (Paraguay) y por el Instituto Interamericano de Investigación y Docencia en Derechos Humanos (México).

Magistrado Suplente de la Audiencia Provincial de Castellón. Director del Observatorio Provincial de la Inmigración de Alicante. Vicedecano de Grado en Derecho de la Facultad de Ciencias Sociales y Jurídicas de Elche. Director del Máster Universitario en Abogacía y Procura de la Universidad Miguel Hernández de Elche.

Tiene reconocidos por la CNEAI tres Sexenios de Investigación. Ponente habitual en numerosos cursos organizados en España y en el extranjero; y ha participado, como autor, coautor, director y/o coordinador en más de 250 publicaciones (entre libros de investigación, de docencia, de divulgación y/o de transferencia de conocimiento).

Dra. D.ª Lerdys Saray Heredia Sánchez: Es Doctora en Derecho por la Universidad Miguel Hernández de Elche (2022), Mención Cum Laude por unanimidad y Premio Extraordinario de Doctorado.

Licenciada en Derecho por la Universidad de Oriente, con Título de Oro, Cuba (1993) y por la Universidad de Alicante (2000, Homologación de Título Universitario Extranjero). Es Master en Propiedad Industrial e Intelectual y Sociedad de la Información por la Universidad de Alicante (1996), es Experta en Tecnología Educativa por la Universidad Miguel Hernández de Elche, 2021.

Es Profesora Ayudante Doctora de Derecho Internacional privado de la Universidad Miguel Hernández de Elche y Secretaria de la Cátedra de Relaciones Privadas Internacionales UMH-ICAO.

Es Asesora en materia de nacionalidad y extranjería del Colegio de Gestores Administrativos de Alicante y docente del Master de Acceso a la Abogacía y la Procura UMH-ICAE.

Desde hace varios años imparte formación sobre Derecho internacional privado, Derecho de extranjería y nacionalidad a los Colegios Profesionales de Elche y Orihuela y en los cursos del Consejo Valenciano de Colegios de Abogados; en la formación al Colegio de Graduados Sociales de Alicante y para la Secretaría de Estado de Migraciones.

Es miembro de diversos proyectos de investigación, tanto nacionales como internacionales, relativos a temas de Derecho internacional privado, migraciones e innovación docente (en la Universidad de Alicante, en la Universidad Miguel Hernández de Elche, en la Universidad de Valencia, en la Universidad de León).

Ha sido galardonada con el Premio UMH al Talento Docente para el año 2023, dentro de la rama académica de CIENCIAS SOCIALES, JURÍDICAS Y HUMANIDADES y ha sido premiada con el Tercer Accésit de los XIX Premios de Ensayo Breve sobre Ciencias Sociales «Fermín Caballero», 2022.

Ha sido profesora visitante en la Universidad Juárez Autónoma de Tabasco, México, en 2019 y 2021, impartiendo docencia en el Programa de Doctorado en Métodos de Solución de Conflictos y Derechos Humanos.

Es miembro de la Asociación de Profesores de Derecho Internacional Privado de España (AEDIPRI) del Instituto de Derecho Iberoamericano (IDIBE), así como de la Asociación Profesional de Doctores de la

Comunidad Valenciana y autora y/o coordinadora de un centenar de publicaciones editadas en España, Puerto Rico, Chile, Perú, México, Estados Unidos, Italia, Colombia, India y Cuba, por editoriales jurídicas de prestigio.

D.ª Esther Alonso García: Licenciada en Derecho por la Universidad Miguel Hernández de Elche y CAP Especialidad General, actual Máster Universitario en Formación del Profesorado de Educación Secundaria Obligatoria y Bachillerato, Formación Profesional y Enseñanzas de Idiomas.

Profesora asociada en el área de Derecho Internacional Privado de la Universidad Miguel Hernández de Elche. Empleada pública del Departamento de Servicios Sociales de la Mancomunidad de la *Vid.* y el Mármol. Especialista en Derecho de Extranjería y violencia de género y miembro de la Mesa asesora del Observatorio Provincial de la Inmigración de Alicante. Profesora del Big Data ISDE (Instituto Superior de Derecho y Economía).

Inscrita en el Registro de Mediadores Interculturales de la Comunitat Valenciana, con el número registral ARMI215.

Jurista nominada a los Premios de la Excelencia en la práctica jurídica, de Economist & Jurist 2018 en la categoría de «Profesores del claustro de la obra Big Data Jurist».

De 2008 hasta actualidad Coorganizadora y ponente en distintas conferencias, talleres y cursos de la Red Acoge, Jornadas de la Universidad CEU Cardenal Herrera de Elche, de la Universidad Miguel Hernández de Elche y de Ayuntamientos de la provincia sobre Derecho de Extranjería y Violencia de género, como el Congreso Anual de la REPS, «Crisis Económica y Políticas Sociales» de dos comunicaciones, «Las Escuelas de Acogida: un nuevo modelo de integración de los inmigrantes en la Comunitat Valenciana» y «La violencia machista en la Ley de Extranjería», las ponencias «Inmigración, integración y buenas prácticas: las Agencias de Mediación para la Integración y Convivencia Social», «Violencia de Género en la Ley de Extranjería. La discriminación en España de las mujeres en situación jurídica-documental irregular», «Política local de integración de los extranjeros de terceros estados o ciudadanos comunitarios en la ciudad de Elche. La Agencia Amics de Elche», «El papel de las Administraciones Públicas en la Integración de los Inmigrantes en la Sociedad Española: El Observatorio Provincial de la Inmigración de Alicante».

De 2010 hasta la actualidad ha desarrollado diferentes actividades de investigación científica, artículos científicos, autora de manuales en materia de extranjería, violencia de género, nacionalidad española e integración social. Destaca: la participación en los estudios científicos en 2010 «Situación de la Inmigración en la ciudad de Elche» y en 2011-2012 «Actual situación de la Inmigración en la ciudad de Elche y Plan de Inmigración 2011-2015 de la ciudad». En los libros, «Manual Práctico Orientativo de Derecho de la Nacionalidad», «El voto de los Extranjeros en las próximas elecciones municipales de 2011 en la Comunidad Valenciana y en la ciudad de Elche» y el manual e Aranzadi «Cuestiones socio-jurídicas actuales sobre la Inmigración y la integración de las personas inmigrantes en España» en el año 2011. En los artículos en la revista jurídica Economist & Jurist, en el mes de julio-agosto 2011 «La reforma del Reglamento de la Ley de Extranjería», en junio de 2013 «Renovación de las Autorizaciones de Residencia y de Residencia y Trabajo» y en febrero 2016 «Novedades en el procedimiento de la Adquisición de la Nacionalidad española por residencia». Coautora en 2013 en los manuales de Aranzadi «Gestión Municipal de la Diversidad e Integración de la Población Inmigrante: Pautas para la correcta Elaboración, Gestión y Seguimiento, Evaluación y Ejecución de un Plan local e Inmigración» y del manual de la Editorial Difusión Jurídica «Manual Práctico orientativo sobre trámites consulares en España», entre otros muchos.

Índice General

Actualidad de los litigios privados internacionales sobre propiedad de bienes culturales en derecho internacional privado español[1]

---

1. *Vid.*, en sentido amplio, V. FUENTES CAMACHO, «La lucha contra el tráfico ilícito internacional de obras de arte en el tránsito del segundo al tercer milenio», en *Bitácora Millennium DIPr.*, N.º 15 enero-junio 2022, pp. 1-32, disponible en: https://www.millenniumdipr.com/archivos/1661844670.pdf, consultado el 05/09/2024; A. ALVARES-GARCIA JÚNIOR, «Un enfoque integrador para la protección del patrimonio histórico, artístico y cultural y los derechos en el ámbito del Derecho Internacional Privado», en *Bitácora Millennium DiPr*, n.º 18, 2023, disponible en: https://www.millenniumdipr.com/ba-112-un-enfoque-integrador-para-la-proteccion-del-patrimonio-historico-artistico-y-cultural-y-los-derechos-humanos-en-el-ambito-del-derecho-internacional-privado, consultado el 05/09/2024, y B. L. CARRILLO, «Tráfico nacional ilícito de bienes culturales y DIPr», *Anales de Derecho de la Universidad de Murcia*, 2001.

del óleo de San Miguel y la escultura El Torso. 7.4. Supuesto de hecho IV: El caso del elginismo en Albatera.

1.   LITIGIOS SOBRE BIENES MUEBLES EN GENERAL

Los litigios privados internacionales en torno a la propiedad de bienes muebles en el Derecho internacional privado español abarcan una variedad aún más amplia de situaciones que trascienden el ámbito artístico y cultural. Estos litigios pueden originarse por diversas razones, tales como «desacuerdos en la titularidad»[2], dudas sobre la autenticidad de la obra, conflictos derivados de transacciones internacionales, y problemas relacionados con la sucesión de bienes.

La autenticidad de una obra de arte o de un bien cultural puede ser un tema de gran controversia y dar lugar a litigios significativos. La determinación de si una obra es genuina o una falsificación afecta directamente su valor y, por consiguiente, la legitimidad de cualquier transacción realizada. Estas disputas a menudo requieren la intervención de expertos en arte y pruebas técnicas detalladas[3].

Las transacciones internacionales de bienes muebles, principalmente en el mercado del arte, pueden ser especialmente propensas a conflictos derivados de transacciones internacionales. Diferencias en las legislaciones nacionales, desacuerdos sobre los términos del contrato, y las complicaciones en la entrega y el pago son fuentes comunes de litigio. Estos casos pueden implicar la aplicación de múltiples jurisdicciones y sistemas legales, lo que añade una capa de complejidad a la resolución de estos litigios.

Además, los litigios también pueden surgir en el contexto de la herencia y sucesión de bienes muebles, particularmente cuando estos tienen

---

2.   Estos desacuerdos surgen cuando hay reclamaciones conflictivas sobre la propiedad de un bien. Por ejemplo, un bien puede haber sido vendido a múltiples partes sin el conocimiento de estas, o puede existir una disputa sobre si la venta fue legítimamente autorizada por el propietario original. En el ámbito del arte, estas situaciones son frecuentes en casos donde la procedencia de una obra es incierta o disputada.

3.   *Vid.* INSTITUTO DE ARTE CONTEMPORÁNEO, «La autenticidad en el arte: Desafíos y enfoques», 2023, disponible en: https://www.artecontemporaneo.com, consultado el 12/09/2024.

un valor artístico o cultural significativo. Las disputas pueden involucrar a herederos en diferentes países, aplicaciones conflictivas de leyes de sucesión, y la interpretación de testamentos y otros documentos legales. Estos casos pueden ser particularmente sensibles, ya que a menudo involucran no solo cuestiones legales, sino también relaciones familiares y emocionales[4].

En este sentido, se incluyen casos donde la legislación aplicable puede variar dependiendo de la naturaleza del bien, su ubicación, y las jurisdicciones implicadas. Esto puede llevar a complejas situaciones donde se deben considerar diferentes sistemas legales y normativas, incluyendo, pero no limitándose, a leyes de propiedad, contratos internacionales, y regulaciones específicas de comercio y exportación.

En el contexto de los bienes muebles artísticos y culturales, estos litigios adquieren una dimensión adicional. No solo se trata de resolver disputas sobre la propiedad física, sino también de abordar cuestiones relacionadas con la identidad cultural, la herencia histórica y la ética en la conservación y el comercio de estos bienes. El marco legal español, por tanto, debe ser capaz de navegar en estas complejidades, equilibrando la protección de los derechos individuales con la preservación del patrimonio cultural para las generaciones futuras.

El litigio no solo aborda cuestiones legales, sino que también invoca consideraciones éticas y morales profundas sobre la restitución de bienes culturales. La discusión sobre la propiedad del cuadro trae a la luz el debate más amplio sobre cómo las sociedades valoran y protegen su herencia cultural, así como la responsabilidad de las instituciones y coleccionistas en la corrección de injusticias históricas.

Este panorama jurídico se ve influenciado, y a menudo complicado, por la creciente globalización del mercado del arte y la cultura. La movilidad de bienes culturales a través de fronteras internacionales plantea desafíos únicos, especialmente en lo que respecta a la verificación de la procedencia, la lucha contra el tráfico ilícito, y la resolución de conflictos de leyes en un entorno globalizado.

---

4.   *Vid.* MINISTERIO DE JUSTICIA DE ESPAÑA, «Sucesiones internacionales en España», disponible en: https://www.mjusticia.gob.es, consultado el 05/0972024.

2. LITIGIOS SOBRE RECUPERACIÓN DE BIENES CULTURALES

La recuperación de bienes culturales en el contexto del Derecho internacional privado español aborda casos especialmente delicados y de gran relevancia cultural y ética. Estos litigios a menudo implican bienes que poseen un valor incalculable desde el punto de vista histórico, artístico o arqueológico y que han sido objeto de desplazamiento, ya sea por medios ilícitos como el robo[5], la expoliación durante conflictos[6], o la exportación ilegal[7].

La resolución de estos litigios en el marco del Derecho internacional privado español debe equilibrar los derechos legales de los actuales poseedores con la importancia de preservar el patrimonio cultural y respetar los derechos de las comunidades y naciones de origen. Se requiere un enfoque que considere no solo la legalidad, sino también la ética y la responsabilidad cultural.

Esta «ética» nace de un sentimiento de reparación histórica hacia los países y personas perjudicados por la apropiación indebida de sus bienes por parte de otros países dominantes en la época. Por tanto, hay que decir que el derecho y el arte también se entrelazan en otro frente: el dominio del poder. La expropiación de bienes culturales, como ya se ha mencionado, formaba parte de un proyecto legalizado[8] por el Estado

---

5. Este tipo de litigio surge cuando se busca la restitución de obras de arte que han sido robadas. Los casos pueden ser particularmente complejos cuando las obras han pasado por varias manos y se encuentran en diferentes países. La determinación de la jurisdicción apropiada y la ley aplicable es un desafío clave en estos casos.

6. Los conflictos armados y las ocupaciones han llevado a menudo al saqueo sistemático de bienes culturales. La recuperación de estos bienes puede ser un proceso largo y complicado, que involucra cuestiones de derecho internacional, derechos de propiedad y consideraciones éticas.

7. El tráfico ilícito de bienes culturales es un problema global. Los litigios relacionados con la exportación ilegal de bienes culturales suelen requerir una cooperación internacional y el entendimiento de múltiples marcos legales, tanto a nivel nacional como internacional. *Vid.* A. ORTEGA GIMÉNEZ, «Litigios internacionales sobre propiedad de bienes culturales muebles en Derecho internacional privado español» (Capítulo XI), en A. ORTEGA GIMÉNEZ (Dir.), *Arte, Derecho y Comercio Internacional*, Editorial Aranzadi, Cizur Menor (Navarra), 2022, pp. 219-242.

8. Este proyecto se llamó Einsatzstab Reichsleiter Rosenberg (ERR), dedicado al saqueo de objetos culturales.

alemán —pero no solamente por él; con el objetivo de deshumanizar al enemigo y saquear sus bienes, robando no sólo obras, sino también su pasado.

Al igual que las obras de arte seleccionadas en este estudio, otro ejemplo clásico de expropiación de bienes culturales se produjo en los reinos e imperios de África, a través de la colonización europea.

Durante décadas y siglos, sus riquezas materiales y culturales se exhibieron en museos y colecciones privadas de diversas capitales de Europa. Como consecuencia, estos objetos se convirtieron en fuente de interés y curiosidad para el público, lo que condujo a su mercantilización.

Especialmente en África, los movimientos europeos solían apropiarse indebidamente de los objetos/obras de cuatro formas distintas[9]:

1) trasladándolos a museos y colecciones privadas de misioneros durante la imposición religiosa;

2) utilizándolos como regalos o artículos de trueque;

3) saqueándolos durante las expediciones militares; y

4) sustrayéndolos durante expediciones para excavaciones u otros estudios.

Por esta razón, la devolución de obras de arte se considera a menudo una estrategia de diplomacia cultural, que funciona como medio para reforzar las relaciones internacionales e intentar cambiar las consecuencias del pasado[10].

---

9.   *Vid*. GATES, Charity. «WHO OWNS AFRICAN ART? Envisioning a legal framework for the restitution of african cultural heritage. International Comparative», Policy & Ethics Law Review, New York, v. 3, n. 3, pp. 1131-1162, jul. 2020.

10. *Vid*. N. DE CASTRO E SOUZA. OBSTÁCULOS LEGAIS À RESTITUIÇÃO E REPATRIAÇÃO DE BENS CULTURAIS: Perspectivas Atuais no Direito Internacional. 2023. 88 f. Trabajo de Fin de Grado — Derecho, Universidade Federal do Rio Grande do Sul, Porto Alegre, 2023. Disponible en: https://lume.ufrgs.br/handle/10183/261964, consultado el 02/09/2024.

3. RESTITUCIÓN DE BIENES CULTURALES: SUPUESTOS DE ROBO, CONFISCACIÓN Y EXPOLIACIÓN[11]

Los procesos de restitución de bienes culturales robados, confiscados o expoliados pueden tener tanto una naturaleza jurídica civil[12] como penal: robo, confiscación, y expoliación. Veamos cada uno de ellos:

3.1. ROBO DE OBRAS DE ARTE

El «robo» generalmente se refiere a la toma ilegal, y a menudo violenta, de la obra, sin el consentimiento de la víctima y con la intención de privarla permanentemente de la misma. Está tipificado[13] en la mayoría de las legislaciones nacionales y, según su gravedad y las circunstancias específicas, se sanciona de forma diversa (desde multas hasta penas privativas de libertad)[14]. El cruce de fronteras de la obra genera frecuentes conflictos de jurisdicción (donde ocurrió el robo o donde se encontró la obra) y de ley aplicable (la del país del robo o la del país del

---

11. *Vid.* A. ALVARES-GARCIA JÚNIOR, «Un enfoque integrador para la protección del patrimonio histórico, artístico y cultural y los derechos en el ámbito del Derecho Internacional Privado», en *Bitácora Millennium DiPr*, n.º 18, 2023, pp. 7-12, disponible en: https://www.millenniumdipr.com/ba-112-un-enfoque-integrador-para-la-proteccion-del-patrimonio-historico-artistico-y-los-derechos-humanos-en-el-ambito-del-derecho-internacional-privado, consultado el 05/09/2024.

12. El proceso civil se enfoca en la recuperación del bien, y puede ser iniciado por el propietario legítimo o sus herederos, por la entidad que tenga competencia en la materia (en este caso podría ser una institución pública o privada de museos o una institución encargada de la protección del patrimonio cultural) o por quién tenga un interés legítimo en su recuperación.

13. Es común la confusión entre los términos «robo» y «hurto», aunque poseen distinciones legales importantes. *Grosso modo*, el robo requiere el uso de la fuerza o amenaza, mientras que el hurto no. La sustracción de «La Gioconda» (o «La Mona Lisa») de Leonardo da Vinci del Louvre (1911) por el italiano Vincenzo Peruggia (arrestado dos años después cuando intentó vender la pintura en Florencia) no ha sido realizado con violencia (retirada del cuadro haciéndose pasar como personal de mantenimiento). *Vid.* A. FREUNDSCHUH, «Crime stories in the historical urban landscape: narrating the theft of the Mona Lisa», en *Urban History*, vol. 33, N.º 2, 2006, pp. 274-292.

14. *Vid.* K. M. BURMON, «Challenges to study: Difficulties arising in studying fine art. theft», en *Global Perspectives on Cultural Property Crime*, Routledge, 2023, pp. 160-174.

hallazgo)[15]. La cooperación internacional y el recurso a instrumentos jurídicos internacionales, como el Convenio de la UNESCO de 1970[16] o la Convención de UNIDROIT de 1995[17] son relevantes para prevenir y resolver ese tipo de conflicto[18].

3.2. CONFISCACIÓN DE OBRAS DE ARTE

Corresponde a la toma de propiedad de una obra por parte del Estado, incluso como resultado de un orden judicial[19] (p.ej., adquisición ilegal, preservación de interés público, etc.)[20]. El Derecho internacional privado

---

15. La ley aplicable también puede variar según el país en el que se encuentre la obra de arte robada. Algunos países tienen leyes más estrictas sobre la restitución de bienes culturales y la prescripción de delitos, mientras que otros pueden aplicar diferentes criterios en cuanto a la posesión y propiedad de obras de arte.

16. El Convenio de la UNESCO de 1970 sobre medidas que deben adoptarse para prohibir e impedir la importación, exportación y transferencia de propiedad ilícita de bienes culturales busca prevenir su comercio ilegal. Este tratado exige que los Estados Parte adopten medidas para proteger y restituir los bienes culturales que hayan sido robados o exportados ilegalmente (BOE número 31, de 5 de febrero de 1986, pp. 4869 a 4872).

17. La Convención de UNIDROIT de 1995 complementa y refuerza el Convenio de la UNESCO de 1970. Este instrumento establece principios uniformes para facilitar la recuperación y retorno de dichos bienes entre países, promoviendo la cooperación internacional, la responsabilidad de los adquirentes y el respeto por el patrimonio cultural global (BOE número 248, de 16 de octubre de 2002, pp. 36366 a 36373).

18. *Vid.* A.L. LEVINE, «The need for uniform legal protection against cultural property theft: A final cry for the 1995 Unidroit convention», en *Brooklyn Journal of International Law*, número 36, 2010, pp. 751-759.

19. *Vid.* T. CLACK y M. DUNKLEY, «Introduction: Culture, heritage, conflict», en *Cultural Heritage in Modern Conflict*, Routledge, 2023, pp. 1-27. Un caso notable de confiscación fue el de la colección de arte del alemán Cornelius Gurlitt (Pablo Picasso, Henri Matisse, Marc Chagall, etc.), adquirida en gran parte durante la Segunda Guerra Mundial por su padre, que trabajaba como marchante para el régimen nazi. En 2012, las autoridades del país la descubrieron y, al año siguiente, más de 1.200 obras de su colección fueron confiscadas como parte de una investigación sobre su procedencia ilícita. *Vid.* J. MEMBA, «Colección Gurlitt: el arte que robaron los nazis», en *Tiempo*, N.° 1627, 2013, pp. 60-63.

20. C.E. SMITH, «World War II Art Restitution Exhibitions: A Step in the Right Direction or Not Far Enough?», en *The iJournal: Student Journal of the Faculty of Information*, vol. 7, N.° 3, 2022, pp. 70-76; N. REVES, «Cultural heritage, international criminal law and protection of human rights between history and jurisprudence», en *Yearbook of International & European Criminal and Procedural Law 1*, N.° 1, 2023, pp. 197-247.

juega un papel crucial en esos casos (determinación de la jurisdicción y ley aplicable y reconocimiento de las decisiones judiciales). La jurisdicción suele ser la del país donde ocurrió la confiscación, pero puede complicarse debido a las diferencias entre las leyes y procedimientos de los países implicados[21]. Algunos tratados, como el Convenio de la UNESCO de 1970 y la Convención de UNIDROIT de 1995, establecen reglas para ayudar en estos casos, tal y como se explicará más adelante.

Existen diversas áreas legales afectadas por una confiscación (p.ej., propiedad[22], contratos[23], sucesiones[24], inmunidad estatal, etc. En aquellos casos donde la confiscación se vincula con la comisión de delitos, la cooperación es vital[25]. Existen diversas iniciativas internacionales para prevenir y combatir este tipo de delito, facilitar las investigaciones y contribuir en la recuperación de activos[26] (Conferencia de INTERPOL sobre

---

21. *Vid.* A. BICKFORD, «Nazi-Looted Art: Preserving a Legacy», en *Case Western Reserve Journal of International Law*, N.° 49, 2017, pp. 115-127.
22. Problemas relacionados con la Ley aplicable; el trato jurídico distinto entre museos y colecciones privadas, etc. Además, algunos Estados otorgan inmunidad legal a las obras (integrantes de su patrimonio nacional), protegiéndolas de reclamaciones extranjeras (salvo que exista violación de acuerdos internacionales, consentimiento explícito del Estado propietario o que ocurra en el marco de un juicio penal por tráfico de drogas, corrupción o lavado de dinero). *Vid.* S. MANACORDA y C. DUNCAN, *Crime in the art. and antiquities world: Illegal trafficking in cultural property*, Springer Science & Business Media, 2011; y, V. FUENTES CAMACHO, «La lucha contra el tráfico ilícito internacional de obras de arte en el tránsito del segundo al tercer milenio», en *Bitácora Millennium DIPr.*, N.° 15 enero-junio 2022, pp. 1-32.
23. Problemas relacionados con la validez, efectos, capacidad legal de las partes, vicios de la voluntad, etc. *Vid.* M. Wilson, «Art disputes», en *Art Law and the Business of Art*, Edward Elgar Publishing, 2022, pp. 349-381.
24. Problemas relacionados con la Ley aplicable a la sucesión, identificación de los herederos y asignación de la propiedad de las obras, etc. (la cuestión gana mayor peso cuando tanto los herederos como las obras se encuentran en diferentes países). Normalmente se considera la ley del país donde el fallecido residía habitualmente en el momento de su muerte. No obstante, algunos países permiten a sus ciudadanos seleccionar la ley aplicable a su sucesión mediante un testamento o declaración similar.
25. Villalta Vizcarra, Ana Elizabeth, «La Cooperación Judicial Internacional», 2013, disponible en: https://www.oas.org/es/sla/ddi/docs/publicaciones_digital_xl_curso_derecho_internacional_2013_ana_elizabeth_villalta_vizcarra.pdf, consultado el 04/09/2024.
26. UNODOC. Protección contra el tráfico de bienes culturales. Reunión del grupo de expertos sobre la protección contra el tráfico de bienes culturales, 28 de octubre

la falsificación de obras de arte[27], Manual de Cooperación Internacional en el Decomiso[28], etc.[29]), además de acuerdos multilaterales[30] y bilaterales[31] que pueden entrar eventualmente en conflicto con otras obligaciones legales[32]. Adicionalmente, se ha desarrollado normativa, jurisprudencia y doctrina relevante respecto al delito de lavado de activos y al decomiso en los ámbitos regional, internacional y comparado[33]. Las regulaciones aduaneras también son importantes para controlar la importación y exportación de bienes culturales.

---

de 2009, disponible en: https://www.unodc.org/documents/treaties/organized_crime/UNODCCCPCJEG12009CRP1S.pdf, consultado el 01/09/2024.

27. La Conferencia de INTERPOL sobre la falsificación de obras de arte, celebrada en 2012, formuló una serie de recomendaciones para prevenir y combatir su falsificación a escala nacional e internacional. La entidad lleva combatiendo la delincuencia contra el patrimonio cultural desde 1946, y reúne a especialistas de todo el mundo para intercambiar conocimientos y definir buenas prácticas contra la falsificación documental. A parte de la publicación de informes sobre delitos que involucran a los bienes culturales, la organización cuenta con funciones de escaneo, búsqueda y notificación para ayudar a localizarlos, reducir su tráfico ilícito y aumentar las posibilidades de su recuperación. Su base de datos contribuye positivamente en la identificación, localización y recuperación de obras de arte y bienes culturales robados o desaparecidos.

28. *Vid*. Oficina de las Naciones Unidas contra la droga y el delito, «Manual de cooperación en el decomiso del producto del delito», disponible en: https://www.unodc.org/documents/organized-crime/Publications/Confiscation_Manual_Ebook_S.pdf, consultado el 01/09/2024

29. *Vid*. UNESCO, «Fighting the Illicit Trafficking», disponible en: https://unesdoc.unesco.org/ark:/48223/pf0000266098, consultado el 02&09/2024.

30. Por ejemplo, el Convenio de La Haya de 1954 y su Segundo Protocolo, de 1999 para la Protección de los Bienes Culturales en caso de Conflicto Armado (*BOE* número 282, de 24 de noviembre de 1960 y BOE número 77, de 30 de marzo de 2004); el Convenio de la UNESCO de 1970 sobre la Prohibición de la Importación, Exportación y Transferencia de Propiedad Ilícita de Bienes Culturales; o los Principios de UNIDROIT de 1995 sobre Objetos Culturales Robados o Exportados Ilícitamente.

31. Por ejemplo, los acuerdos concluidos entre EE. UU. y Perú (1997), Italia (2001), Camboya (2003), Guatemala (2012) y Egipto (2016).

32. *Vid*. S.T. GARCÍA-LOZANO, «Las obras de arte del Estado y su inmunidad», en *Anuario Colombiano de Derecho Internacional*, vol. 10, 2017, pp. 401-426.

33. *Vid*. I. BLANCO CORDERO; E.F. CAPARRÓS; V. PRADO SALDARRIAGA; G. SANTANDER ABRIL y J. ZARAGOZA AGUADO, *OEA. Combate al Lavado de Activos desde el Sistema Judicial* (5ª edición), disponible en: https://www.oas.org/es/ssm/ddot/publicaciones/LIBRO%20OEA%20LAVADO%20ACTIVOS%202018_4%20DIGITAL.pdf

Aparte de la cooperación judicial, el arbitraje y la mediación también abren paso en este campo[34]. Instituciones como *Art Resolve, Court of Arbitration for Art (CAfA), Art Law Centre, Art Dispute Resolution Centre of Canada, Resolution Center for Art (RCA), Alternative Dispute Resolution for Art (ADR Art), Fine Art Resolutions*, etc. se especializaron en este tipo de disputas[35].

En los conflictos armados transnacionales, el Derecho internacional privado también es crucial para abordar la responsabilidad civil por los daños causados a los legítimos propietarios de obras de arte[36]. Estos casos (protección y restauración de bienes culturales) suelen estar sujetos al derecho nacional e internacional[37] (pero escapa, hasta cierto punto, del propio Derecho Internacional Humanitario —DIH[38]—) y a menudo necesitan contar con la cooperación de diversos actores.

---

34. Respecto al reconocimiento y ejecución de laudos arbitrales, estos suelen tratar disputas sobre autenticidad, propiedad, calidad y valor, y su cumplimiento puede ser más complejo debido a la naturaleza única de las obras de arte y la falta de un mercado estandarizado y transparente. Los plazos de prescripción también son factores relevantes (varían entre los países, repercutiendo incluso en su suspensión o interrupción).

35. *Vid.* Q. BRYNE-SUTTON, «Arbitration and mediation in art-related disputes», en *Arbitration International*, vol. 14, N.º 4, 1998, pp. 447-456.

36. Los problemas más habituales conciernen a la determinación de la ley aplicable y la jurisdicción competente para las reclamaciones de indemnización, la admisibilidad de la prueba de daños y la ejecución de sentencias extranjeras.

37. Los Estados suelen tener sus propias reglas para salvaguardar el patrimonio cultural (promoción, protección, conservación, investigación, prevención del tráfico ilícito y facilitación de su devolución). Las regulaciones aduaneras también son importantes para controlar la importación y exportación de bienes culturales (permisos especiales, documentación de propiedad, autenticidad y origen, así como la imposición de aranceles y restricciones para evitar el tráfico ilícito). Algunos países permiten demandas civiles por daños y perjuicios generados por violaciones del DIH (EE. UU.: *Alien Tort Claims Act*). Aparte, documentos como la Declaración de Bonn de 2015 sobre la Protección del Patrimonio Cultural Mundial y la Convención del Consejo de Europa de 2017 sobre Delitos contra el Patrimonio Cultural (que abordan el tráfico ilícito y la protección de ese patrimonio mediante medidas relacionadas con la prevención, la investigación, la sanción y el fortalecimiento de la cooperación transnacional) señalan la relevancia creciente en este ámbito.

38. El DIH no tiene disposiciones explícitas sobre la compensación por daños y perjuicios. No obstante, existen principios de derecho internacional más amplios que pueden aplicarse a la responsabilidad civil (*v.g.*, el de la reparación integral, que establece que un Estado que ha violado el derecho internacional tiene la obligación de reparar el daño causado).

3.3. EXPOLIACIÓN DE OBRAS DE ARTE

Es el saqueo ilegal y sistemático de bienes culturales, históricos o arqueológicos pertenecientes a una nación o comunidad, realizado por gobiernos extranjeros, fuerzas invasoras, ONGs y coleccionistas de arte. Suele ocurrir durante conflictos bélicos y ocupaciones y daña el patrimonio cultural de la comunidad afectada, dificultando el estudio y aprendizaje de su herencia.

A pesar de los esfuerzos de organizaciones como la UNESCO, el problema persiste debido a la falta de colaboración entre los países, la persistencia de los conflictos y la elevada rentabilidad del mercado ilegal de bienes culturales. Cuestiones como la determinación de la jurisdicción competente y de la ley aplicable son fundamentales en casos en que se aprecia si el comprador adquirió la obra de buena fe y si el propietario «legítimo» tiene derecho a su devolución[39]. Las pruebas presentadas y sus respectivas valoraciones para determinar la propiedad del bien y si es procedente su restitución[40] son difíciles y varían según las reglas procesales. Además, la competencia para iniciar un proceso legal depende de las normas de cada país.

4. IMPORTANCIA PRÁCTICA DE IDENTIFICAR LAS «RELACIONES PRIVADAS INTERNACIONALES»[41]

La estructuración del mundo en ordenamientos jurídicos diversos y plurales, así como la presencia de la actividad humana y sus vínculos (afec-

---

39. Las dificultades observadas en esos casos suelen concernir a: 1. Heterogeneidad legislativa (los Estados poseen leyes y regulaciones específicas en relación con la salvaguarda del patrimonio cultural, la adquisición de bienes culturales y la repatriación de objetos expoliados); 2. Soberanía y jurisdicción (las disputas en torno a la expoliación de bienes culturales pueden involucrar a diferentes Estados, cada uno con su propia soberanía y jurisdicción); 3. Derechos del legítimo propietario y del adquirente (en casos de expoliación, es esencial determinar si el adquirente obtuvo el objeto de buena fe y si el legítimo propietario ostenta el derecho a la restitución).

40. *Vid.* K. Browne y R. Murray, «The Emergence of the International Protection of Cultural Heritage», en *International Law of Underwater Cultural Heritage: Understanding the Challenges*, Cham, Springer International Publishing, 2023, pp. 107-191.

41. *Vid.*, en sentido amplio, A.-L. CALVO CARAVACA y J. CARRASCOSA GONZÁLEZ, «Breves reflexiones sobre las obras de arte robadas por los nazis», en *Cuadernos de Derecho Transnacional*, octubre 2023, Vol. 15, N.° 2, pp. 217-219.

tivos, contractuales, económicos, etc.), han dado lugar a la creación de una nueva disciplina y rama jurídica[42]. El «objeto» de una disciplina jurídica es el «conjunto de relaciones sociales» que tal disciplina jurídica regula[43]. Pues bien: el objeto del Derecho internacional privado son las «situaciones privadas internacionales». Al respecto, cabe destacar varios aspectos:

1°) Las «situaciones privadas internacionales», debido a su carácter «internacional», suscitan «dificultades jurídicas especiales». En efecto, estas situaciones exigen la precisión de los tribunales competentes, de la legislación estatal aplicable y de la eficacia de resoluciones extranjeras

2°) Estas «situaciones privadas internacionales» exigen la presencia de una rama del Derecho específica que las regule: el Derecho internacional privado (*the applicable rules and doctrines on choice of law*)[44].

3°) El Derecho civil, mercantil y procesal de cada Estado son disciplinas jurídicas diseñadas para regular, exclusivamente, situaciones privadas «internas», pero no para regular situaciones privadas «internacionales».

Visto que el objeto del Derecho internacional privado son las «situaciones privadas internacionales», resulta necesario analizar con detalle qué se entiende por situación «privada» y qué se entiende por situación «internacional».

Se conoce como «situación jurídica privada» aquélla cuyos sujetos intervinientes son sujetos particulares o bien actúan en calidad de tales.

---

42. *Vid*. C. ESPLUGUES MOTA, «Derecho internacional privado» en Introducción al Derecho, Ediciones de la Universidad de Castilla-La Mancha, Cuenca, 1996, p. 161.

43. *Vid*. A.-L. CALVO CARAVACA y J. CARRASCOSA GONZÁLEZ, «El Derecho internacional privado: concepto, caracteres, objeto y contenido», en A.-L. CALVO CARAVACA y J. CARRASCOSA GONZÁLEZ (Dirs.), *Tratado de Derecho internacional privado*, 2ª ed., Tomo I, Valencia, Tirant lo Blanch, 2022, pp. 124-125.

44. *Vid.*, J.M. CARRUTHERS, «Cultural Property and Law — An International Private Law Perspective», en *Juridical Review*, 3, 2001, pp. 27-45; M. WELLER, «Kollisionsrecht und NS-Raubkunst: U.S. Supreme Court», Entscheidung, vol 21, April 2022, 596 U.S. 142 S.Ct. 1502 (2022) — Cassirer et al./. Thyssen-Bornemisza Collection Foundation, *IPRax*, 2023, 1, pp. 97-100 (p. 97).

Los sujetos de una situación jurídica «privada» ocupan una «posición jurídica de igualdad». Los sujetos privados no disponen de poderes exorbitantes o privilegiados con arreglo a la Ley. Son particulares, sujetos privados. No operan como autoridades públicas dotadas de «poderes exorbitantes» atribuidos por el Derecho público. Por ello se habla de «relaciones jurídicas horizontales».

En consecuencia, el concepto de «situación privada» cubre las siguientes relaciones jurídicas:

1º) Relaciones jurídicas en las que intervienen sujetos particulares. Estas relaciones pueden adoptar una modalidad «contradictoria» o una modalidad «no contradictoria»[45].

2º) Relaciones jurídicas en las que interviene un sujeto de Derecho público pero que actúa sin «potestad de imperio»[46]. En la actualidad es muy frecuente la intervención del Estado y demás organismos públicos en la vida económica, mediante la realización de actividades desligadas de la función pública *stricto sensu*. Visto que tales entes participan en el comercio internacional despojados de su potestad de *imperium*, puede afirmarse que operan como «sujetos privados», y por tanto el Derecho Público no es aplicable. Precisar cuándo un sujeto público interviene con o sin «potestad de *imperium*» no es nada sencillo. Esta cuestión surge con frecuencia en relación con los contratos internacionales en los que participa el Estado como parte del contrato.

El Derecho internacional privado regula las situaciones privadas «internacionales» y no las situaciones jurídicas privadas meramente internas. Ahora bien, la distinción entre «situaciones internas» y «situaciones internacionales» es más difícil de lo que parece. Ello es así porque hay muchos tipos de elementos extranjeros, de diferente naturaleza y de

---

45. *Vid.* A.-L. CALVO CARAVACA y J. CARRASCOSA GONZÁLEZ, «El Derecho internacional privado: concepto, caracteres, objeto y contenido», en A.-L. CALVO CARAVACA y J. CARRASCOSA GONZÁLEZ (Dir.), *Tratado de Derecho internacional privado*, 2ª ed., Tomo I, Valencia, Tirant lo Blanch, 2022, p. 125.

46. *Vid.* A.-L. CALVO CARAVACA y J. CARRASCOSA GONZÁLEZ, «El Derecho internacional privado: concepto, caracteres, objeto y contenido», en A.-L. CALVO CARAVACA y J. CARRASCOSA GONZÁLEZ (Dir.), *Tratado de Derecho internacional privado*, 2ª ed., Tomo I, Valencia, Tirant lo Blanch, 2022, pp. 125-126.

intensidad diferente. Además, como han indicado algunos autores, en la actualidad todo está conectado con todo y la práctica totalidad de las situaciones jurídicas contienen elementos extranjeros en mayor o menor medida. Por ello, multitud de tesis doctrinales han tratado de perfilar cuándo una situación jurídica privada es «internacional». La más relevante es la tesis del «elemento extranjero puro»[47].

Según la tesis del «elemento extranjero puro», una situación privada manifiesta carácter «internacional» cuando presenta, al menos, un «elemento extranjero» (*Sachverhalt mit Auslandsberührung*), cualquiera que sea dicho «elemento». El caso presenta «elementos extranjeros», por lo que es «internacional» y debe ser regulado por el Derecho internacional privado. Esta tesis es la mayormente seguida por la jurisprudencia española[48].

A la luz de lo anteriormente expuesto, ya estamos en condiciones de responder a dos preguntas:

1ª) Si la acción reivindicatoria de judíos estadounidenses contra la Fundación Thyssen-Bornemisza / el Estado español es una situación privada internacional. La respuesta es afirmativa. En efecto, como hemos visto una situación privada internacional es una relación jurídica multiconectada con los ordenamientos jurídicos de varios Estados, con independencia de cuál sea su naturaleza (personal, real o local o conductista).

En el caso *Pisarro*, hay: a) *Elementos personales*: Los propietarios o poseedores del cuadro tenían distintas nacionalidades o domicilios en diversos Estados (Alemania, Países Bajos, California, Missouri, Nueva York, Suiza, España). b) *Elementos reales*: El cuadro ha estado en cada uno de ellos. En España, desde hace 30 años. c) *Elementos locales o conductistas*: El cuadro ha sido objeto de sucesivas ventas en Alemania (1939), Estados Unidos (1951), Suiza (1976) y España (1992). Tiene, pues, razón M. Weller, cuando destaca

---

47. *Vid.* A.-L. CALVO CARAVACA y J. CARRASCOSA GONZÁLEZ, «El Derecho internacional privado: concepto, caracteres, objeto y contenido», en A.-L. CALVO CARAVACA y J. CARRASCOSA GONZÁLEZ (Dir.), *Tratado de Derecho internacional privado*, 2ª ed., Tomo I, Valencia, Tirant lo Blanch, 2022, p. 127.

48. *Vid.* A.-L. CALVO CARAVACA y J. CARRASCOSA GONZÁLEZ, «El Derecho internacional privado: concepto, caracteres, objeto y contenido», en A.-L. CALVO CARAVACA y J. CARRASCOSA GONZÁLEZ (Dir.), *Tratado de Derecho internacional privado*, 2ª ed., Tomo I, Valencia, Tirant lo Blanch, 2022, p. 127.

que es propio de los procedimientos de arte saqueado por los nazis que los objetos reclamados se encuentren ellos mismos «al final de una larga cadena de transmisiones con un número de elementos extranjeros» (*at the end of a long chain of transfers with a number of foreign elements*)[49].

2ª) ¿Cuáles son los problemas jurídicos fundamentales que hay que resolver en tales supuestos? El Derecho internacional privado proporciona respuesta jurídica a *tres grandes cuestiones*[50]:

1º) ¿Son competentes los órganos jurisdiccionales u otras autoridades públicas españolas para entrar a conocer del fondo del problema jurídico que plantea una situación privada internacional?;

2º) Si la respuesta al interrogante anterior es afirmativa, ¿cuál es, entonces, el Derecho aplicable a la situación privada internacional?;

3º) ¿Cuáles son los efectos jurídicos que producen en España los actos y decisiones extranjeras relativas a situaciones privadas internacionales? De este modo, el contenido del Derecho internacional privado está compuesto por tres «sectores de normas» que dan respuesta a los interrogantes anteriores: a) Competencia judicial internacional; b) Derecho aplicable a las situaciones privadas internacionales; c) Validez extraterritorial de actos y decisiones extranjeras[51].

En este contexto, es importante aclarar algunos puntos cruciales sobre estos tres elementos[52]. La competencia judicial internacional determina si

---

49. *Vid.* M. WELLER, «Kollisionsrecht und NS-Raubkunst: U.S. Supreme Court», Entscheidung vom 21. April 2022, 596 U.S. 142 S.Ct. 1502 (2022) — Cassirer et al. / .Thyssen-Bornemisza Collection Foundation, en *IPRax*, 2023, 1, pp. 97-100 (p. 97).

50. *Vid.* F. VISCHER, «Bemerkungen zum Verhältnis von internationaler Zuständigkeit und Kollisionsrecht», en *Mélanges Alfred E. von Overbeck*, Fribourg, 1990, pp. 349-377.

51. *Vid.* A.-L. CALVO CARAVACA y J. CARRASCOSA GONZÁLEZ, «El Derecho internacional privado: concepto, caracteres, objeto y contenido», en A.-L. CALVO CARAVACA y J. CARRASCOSA GONZÁLEZ (Dir.), *Tratado de Derecho internacional privado*, 2ª ed., Tomo I, Valencia, Tirant lo Blanch, 2022, p. 158; y, M. FRIGO, *Circulation de biens culturels, détermination de la loi applicable et méthodes de règlement des litiges*, La Haye, Académie de droit international de La Haye, 2016.

52. *Vid.* J. C. FERNÁNDEZ ROZAS y S. SÁNCHEZ LORENZO, *op. cit.* pp. 45-55.

los tribunales de un país tienen autoridad para juzgar un caso concreto, es decir, define los principios y condiciones que rigen la resolución de situaciones de Derecho internacional privado. Una vez establecida la competencia del tribunal, es necesario determinar qué ley será aplicable, con el fin de garantizar que se emplea el régimen jurídico adecuado en esa situación de Derecho internacional privado.

Por último, el Reconocimiento y Ejecución de Actos y Decisiones Extranjeros se refiere a la validez de un acto extranjero, examinando si tiene efectos más allá de las fronteras del país de origen. En otras palabras, se trata de evaluar las implicaciones y efectos de un acto o decisión extranjeros en una situación privada internacional, cuando se aplican en un país distinto del que los dictó.

5. RAZONES QUE EXPLICAN LA FRECUENCIA CON QUE SE LITIGA EN ESTADOS UNIDOS SOBRE ARTE ROBADO POR LOS NAZIS[53]

Desde un *punto de vista sociológico*, son varios los *factores que* explican el gran número de litigios sobre arte robado por los nazis que se han desarrollado y continúan llevándose ante los tribunales estadounidenses: *muchos judíos* se fueron a vivir a los Estados Unidos durante o después de la guerra; muchas obras de arte con un pasado nazi se encuentran en Estados Unidos, que es el *mayor mercado de arte del mundo*; los tribunales estadounidenses se ganaron la reputación de ser un foro con *claras ventajas* para las demandas de restitución de obras artísticas[54].

Además, por razones económicas recientes, podemos mencionar su liderazgo mundial, ya que es el mayor mercado de arte del mundo, con un 44% de las ventas totales. A pesar de las fluctuaciones globales, el mercado del arte estadounidense ha mostrado una notable resistencia.

En 2019, aunque hubo un ligero descenso, las ventas en Estados Unidos alcanzaron los 28.300 millones de dólares, manteniendo su

---

53. *Vid.*, en sentido amplio, A.-L. CALVO CARAVACA y J. CARRASCOSA GONZÁLEZ, «Breves reflexiones sobre las obras de arte robadas por los nazis», en *Cuadernos de Derecho Transnacional*, octubre 2023, Vol. 15, N.º 2, p. 219.
54. *Vid.*, J.P. RAPP, *NS-Raubkunst vor amerikanischen Gerichten: aktuelle Entwicklungen der restitution litigation in den USA*, Tübingen, Mohr Siebeck, 2021, p. 24.

fortaleza en la escena internacional[55]. En 2022, en cambio, el mercado estadounidense alcanzó un máximo histórico de 30.200 millones de dólares, lo que demuestra su capacidad de recuperación. Por último, cabe destacar que el mercado estadounidense atrae a un amplio abanico de coleccionistas, incluida una nueva generación de compradores más jóvenes[56].

Alrededor del 30% de los compradores en 2021 eran «nuevos clientes», y el 31% de ellos pertenecían a la generación *millennial*. Esta diversidad de perfiles contribuye a la vitalidad y longevidad del mercado del arte estadounidense[57].

Desde un *punto de vista jurídico* esas claras ventajas tienen que ver con la reglamentación por el Derecho de los Estados Unidos de la transmisión de la propiedad de los bienes muebles, la competencia internacional de sus tribunales y ciertas peculiaridades del procedimiento[58].

6. ESPAÑA Y LAS PIEZAS INCAUTADAS DURANTE LA GUERRA CIVIL Y LA DICTADURA

En España se acaba de publicar un inventario de 5.000 piezas incautadas (cuadros, joyas, cerámicas, esculturas, abanicos, muebles o vajillas) durante la Guerra Civil y la dictadura[59]. Por fin, aparece un inventario

55. *Vid.* K. TULLY. «Vendas globais de arte caíram 5% em 2019, mas EUA continuam no topo do mercado. 2020», Disponible en: https://forbes.com.br/forbeslife/2020/03/vendas-globais-de-arte-cairam-5-em-2019-mas-eua-continuam-no-topo-do-mercado/, consultado el 04/09/2024.

56. *Vid.* P. PLIGHER. O mercado de arte mostra a sua resiliência face à instabilidade global; EUA e a China dominam o setor. 2024. Disponible en: https://www.fundssociety.com/br/news/o-mercado-de-arte-mostra-a-sua-resiliencia-face-a-instabilidade-global-eua-e-a-china-dominam-setor/, consusltado el 03/09/2024.

57. *Vid.* M. A. SÁNCHEZ-VALLEJO. «Mercado de arte nos EUA retoma voracidade com leilões milionários. 2020», Disponible en: https://brasil.elpais.com/cultura/2021-11-12/mercado-de-arte-nos-eua-retoma-voracidade-com-leiloes-milionarios.html, consultado el 02/09/2024.

58. *Vid.*, M.J. BAZYLER, *Holocaust Justice: The Battle for Restitution in America's Courts*, New York, 2003; J.P. RAPP, *NS-Raubkunst vor amerikanischen Gerichten: aktuelle Entwicklungen der restitution litigation in den USA*, Tübingen, Mohr Siebeck, 2021, pp. 39 y ss.

59. *Vid.* T. KOCH. «El inventario de Cultura no resuelve el enorme puzle de las obras de arte incautadas durante la Guerra Civil y la dictadura». 2024. Disponible en: https://elpais.com/cultura/2024-06-30/el-inventario-de-cultura-no-resuelve-el-

donde las familias pudieran bucear en busca de algún tesoro sustraído a sus abuelos.

Y, sin embargo, investigadores y abogados de los herederos en absoluto dan el asunto por cerrado. Todo lo contrario. De alguna forma, acaba de comenzar. Porque solo se ha mirado en los 16 museos estatales directamente dependientes de Cultura. Y con ocho meses de retraso, respecto a la auditoría completa que prometía la Ley de Memoria Democrática. Y eso que el Ministerio destacó que era el primero en cumplirla. Lo que pone el foco en todos los demás ministerios, museos nacionales —el Prado sí hizo su propia investigación—, autonómicos o municipales, paradores, universidades y una miríada de otras instituciones que pudieron recibir obras incautadas. Sin mencionar lo que acabó en manos privadas. Faltan, en cálculos de uno de los principales expertos, el catedrático Arturo Colorado, la gran mayoría de las piezas. Y las más valiosas.

A falta de tantas pistas, y con miles de piezas aún ocultas o en paradero desconocido, no hay forma de terminar el puzle. A estas alturas, según los entrevistados, ni siquiera se puede imaginar aún cómo quedaría. «Hablamos de una cifra realmente extraordinaria. Hubo un movimiento de obras como jamás se ha producido en España. Mientras no den acceso a toda la información, es imposible», resume Colorado.

«A lo mejor, con este inventario, podemos, hipotéticamente, recuperar alguna cosa, pero la colección seguirá a medias», señala Encarnación Roca Trías, del despacho Cremades y Calvo Sotelo, contratada por los nietos para buscar las decenas de obras que el franquismo se incautó, en mayo de 1939, en casa de José Sicardo, gobernador militar de Alicante durante la Guerra Civil, y su esposa, Mariana Cardedera.

La familia sospecha que, entre las joyas perdidas, puede haber incluso algún *Goya* o *Sorolla*. Y les consta que al menos otro ministerio guarda cuadros en cuyo reverso sigue la firma que dejó el coronel: «Colección Sicardo». Lo que encaja también con las averiguaciones de Colorado. Contactado por este diario, el ministerio no mostró conocimiento del caso. Y alegó que precisaba datos más detallados para responder. Desde el Ministerio de Política Territorial y Memoria Democrática tampoco se

enorme-puzle-de-las-obras-de-arte-incautadas-durante-la-guerra-civil-y-la-dictadura.html?event_log=oklogin, consultado el 02/09/2024.

atendió esta vez a las cuestiones enviadas por este periódico. Hace dos semanas, apuntaron: «Se indicó a cada ministerio cuáles eran sus tareas en relación con la aplicación de la ley. La cuestión de las obras artísticas expoliadas compete a Cultura».

«Para cumplir con el espíritu de la Ley de Memoria Democrática, en vez de quedarse en la pura norma, hay que hacer todo lo posible para facilitar la reparación para los herederos o las instituciones a las que se expoliaron bienes», plantea Laura Sánchez Gaona, abogada al frente de varias reclamaciones. Entre otras, la de la familia de Pedro Rico, alcalde republicano de Madrid, celebrado en octubre de 2023 por el presidente del Gobierno, Pedro Sánchez, en un acto homenaje a varias víctimas. Algunas obras de Rico figuran en el inventario de Cultura: están en el Museo Nacional del Romanticismo o en el del Traje. Otras, según Sánchez Gaona, descansan en el Prado o en los Museos de Bellas Artes de Asturias y Valencia. «Pensábamos que, una vez presentada la documentación y localizadas las piezas, la implementación de vías para el resarcimiento iba a ser mucho más rápida. Pero el gran atasco se produce justo entonces.

«Es importantísima la proactividad a la hora de contactar a los interesados, que el proceso sea intuitivo y no se deje todo en mano de los reclamantes. Hay que ir mucho más allá de la simple búsqueda o localización de las obras, y tomar inmediatamente las medidas para que haya restitución o compensación», añade Sánchez Gaona. Desde Cultura subrayan que, ahora que tienen el inventario y el informe de la Abogacía del Estado, quieren precisamente «analizar las peticiones que ya estaban hechas» y ponerse «en contacto» con las familias que han pedido devoluciones.

Ante una petición por el Portal de Transparencia enviada por el diario El País, la pinacoteca informó de que tiene en marcha cuatro reclamaciones. Justo las que ha presentado Laura Sánchez Gaona: en nombre de Rico, por *Escena de majos y celestina* y *Asalto a la diligencia*, atribuidos a Eugenio Lucas Villaamil; del marqués de Villalonga, por *Cabeza de mujer con mantilla blanca*, de Joaquín Sorolla; y de las iglesias de Yebes y Pareja, en Guadalajara. De momento, eso sí, ninguna pieza ha vuelto a casa. El Museo Nacional Reina Sofía, contactado por la misma vía, aseguró no tener ningún frente abierto en este sentido.

La familia De la Sota y Llano sí acaba de recuperar un retrato, requisado por los sublevados franquistas en 1938. «Han ido mucho más rápidos que el Estado», agradecía Rafael Mateu, del despacho que llevó la reclamación, Ramón y Cajal, al Ayuntamiento de Burgos, liderado por el PP con el apoyo de la extrema derecha de Vox. Y, en sus indagaciones, Santos Mateos ha hallado restituciones anteriores, impulsadas por el Ayuntamiento de Barcelona y avaladas entonces por Cultura: el 13 de diciembre de 1990 el Museu d'Art Modern entregó dos esculturas a Juan Negrín Mijailovich, hijo del último jefe de Gobierno de la II República española. Y el 15 de marzo de 2001 devolvió 11 obras a Fernando Barral Arranz, hijo del escultor Emiliano Barral, fallecido en 1936 en la célebre batalla de Madrid.

Es el camino que también espera seguir el Cabildo de Gran Canarias. Y de paso, quizás, lograr la «primera devolución de obras realizada conforme a la Ley de Memoria Democrática», como subraya la jefa del Servicio de Museos, Alicia Bolaños. Hace casi un año y medio desde que Sánchez Gaona, en representación de los nietos de Pedro Rico, se puso en contacto con su institución. Reclamaban cinco óleos incautados y jamás devueltos, que habían recalado en la Casa de Colón. Las dos partes coinciden en que hubo entendimiento, una visita de los herederos al centro y un inventario interno. Para Alicia Bolaños se cumplían todos los requisitos: obras secuestradas, condición de víctimas según la definición de la nueva normativa, propiedad demostrada. A falta del desarrollo normativo de la Ley de Memoria Democrática, la tramitación se acogió al Real Decreto 2134/2008, «por el que se regula el procedimiento a seguir para la restitución a particulares de los documentos incautados con motivo de la Guerra Civil».

«Estas personas no pueden ser víctimas también de lagunas legales», sostiene Bolaños. Así que en octubre de 2023 abrió un expediente para la restitución. Lo suspendió, sin embargo, en cuanto descubrió que la Abogacía del Estado preparaba un informe sobre ese ámbito: quería leerlo e incluirlo, para completar su petición. Asegura que Cultura le aclaró que no podía facilitárselo, pero sí le mandaría otro documento que estaban elaborando internamente. Nunca sucedió, según Bolaños: «Y ahí la cosa se quedó parada».

«Sé que para nosotros son cinco cuadros y ellos tendrán muchos y es más complicado. Cultura entendía que se tenía que hacer de una forma unificada al haber obras de Rico en varios museos. Pero yo no estoy conforme con que lo nuestro se quede en suspenso. Si la ley habla de este espíritu, hay que cumplirla», explica Bolaños. De ahí que solicitara reuniones con el ministerio de Urtasun y el de Memoria Democrática. El segundo les atendió y les «felicitó» por el trabajo realizado.

Desde Cultura, responden que su enfoque siempre ha sido el de ir «caso por caso» y que, entre otros, tienen previsto hablar pronto con el Cabildo. Mientras, Bolaños sigue avanzando: estos días ha recibido desde el Ministerio de Memoria Democrática precisamente el informe de la Abogacía del Estado. Pretende incorporarlo cuanto antes a su expediente, para reactivarlo y acelerar su resolución.

También por eso los nietos de Rico decidieron hace unos días enviar una carta. «Está escrita con el corazón», afirma su abogada. Y va dirigida al mismísimo presidente del Gobierno. El que presenció el homenaje a Rico en octubre. Y que tantas veces ha defendido la memoria democrática: «Recurren a él porque ha sido muy proactivo en estos asuntos. Y porque, ante tanta opacidad, se pide ayuda al que pueda resolverla». Pasaron décadas. Ahora se están perdiendo meses. El tiempo pasa. Muchos reclamantes, por desgracia, tienen cada vez menos.

7. ALGUNOS SUPUESTOS RELEVANTES A LA PROVINCIA DE ALICANTE

En este epígrafe vamos a profundizar en las situaciones reales de pérdida, sustracción, expolio y robo de bienes culturales que han ocurrido a lo largo de nuestra historia en la provincia de Alicante. De tal forma que, de forma práctica, y a través de la exposición de supuestos de hecho reales, quede reflejada la frecuencia con que estas prácticas ilegales tienen lugar, el impacto que las mismas tienen en nuestro patrimonio cultural y la importancia de la restitución de los bienes culturales para evitar la pérdida de patrimonio.

Para ello, conoceremos de forma detallada los hechos acontecidos en cada supuesto de hecho, las herramientas y procedimientos que se han empleado en su resolución a fin de restituir los bienes culturales y estableceremos propuestas de mejora, por un lado, para evitar que estas actividades ilegales sigan produciéndose y por otro, para mejorar los procedimientos de restitución del patrimonio, a través de mecanismos más ágiles y efectivos.

7.1.   SUPUESTO DE HECHO I: EL CASO DE EXPOLIO DE YACIMIENTOS ARQUEOLÓGICOS Y PALEONTOLÓGICOS

El descubrimiento por parte de la Guardia Civil[60] de una trama de expolio arqueológico desde hace 50 años, por un saqueador de yacimientos conocido como el «cabo Soler», un guardia civil ya fallecido. La operación ha sido llevada a cabo por el Equipo Territorial de la Policía Judicial de Jávea de la Comandancia de Alicante, dentro del «Plan para la Defensa del Patrimonio Histórico español». Tras la finalización de esta investigación llamada Operación Osarium, se lograron intervenir en el municipio de Denia más de 500 piezas de importante valor arqueológico y artístico.

Una investigación de la Guardia Civil a raíz de una intervención de la Policía Local de Gata de Gorgos por un aviso de robo en una casa de dicho municipio ha permitido intervenir en Denia una de las mayores colecciones privadas ilegales de restos arqueológicos de origen material y humano, además de abundante documentación sobre expolios cometidos durante 50 años en yacimientos arqueológicos de la Marina Alta, Albacete y Jaén, entre otros lugares.

La investigación se inició en el mes de noviembre de 2022, cuando los agentes tuvieron conocimiento, a través de la Policía Local de Gata de Gorgos, de que en el interior de un domicilio en esa localidad había diversos restos óseos antiguos, rápidamente se dio aviso al Equipo Territorial de la Policía Judicial de Jávea de la Comandancia de Alicante, por si estaban relacionados con algún homicidio.

Sin embargo, se descartó esta posibilidad y gracias a la colaboración de un arqueólogo del Ayuntamiento de Jávea se determinó que los restos

---

60.   *Vid.* «La Guardia Civil incauta documentos de expolios arqueológicos en la Marina Alta durante medio siglo», disponible en: https://www.informacion.es/sucesos/sucesos-en-alicante/2022/12/30/guardia-civil-incauta-documentos-expolios-80527738.html, consultado el 01/09/024.

óseos hallados en el domicilio de Gata de Gorgos tenían una antigüedad de entre 4.000 y 5.000 años.

Para catalogar y determinar las piezas arqueológicas halladas en Gata se solicitó la colaboración de la Inspección Técnica de la Conselleria de Cultura de la Generalitat, la cual determinó que dicha colección era ilegal, ya que no contaba con ningún documento que avalase su tenencia. Los expertos y técnicos de la Conselleria[61], tenían conocimiento de la actividad del expoliador fallecido, pero hasta la fecha no se había podido determinar el alcance de esta actividad llevada a cabo durante décadas. La colaboración del propietario durante la investigación permitió descubrir una colección mayor en un domicilio de Denia, hallando un gran volumen de piezas arqueológicas y paleontológicas, las cuales según manifestaciones de un familiar del «cabo Soler» eran heredadas. El heredero de las piezas dijo que desconocía que fuesen ilegales, pero al mismo tiempo no poseía ningún tipo de documentación que justificase su tenencia, ni había realizado trámite alguno para su regularización. En este registro se contó con el apoyo de la dirección territorial de Cultura en Alicante.

Entre los objetos y la documentación incautada, los investigadores encontraron un gran número de cuadernos, todos ellos manuscritos por el familiar fallecido. En ellos aparecen anotaciones de los lugares exactos donde se encontraban las piezas intervenidas. Los técnicos de la Generalitat dan más importancia a estos documentos que a las piezas intervenidas, ya que en ellos están registrados expolios de yacimientos arqueológicos en la Marina Alta durante aproximadamente medio siglo.

Finalmente, los agentes intervinieron más de medio millar de restos arqueológicos, entre los que se encuentran 350 piezas de origen material y casi 200 restos óseos con varios miles de años de antigüedad. Entre las piezas incautadas en esta vivienda, la Guardia Civil destaca las siguientes:

– Cinco ánforas de origen bético, fenicio y púnico.

– Cinco molinos de la Edad de Bronce y del Neolítico.

---

61. *Vid.* «La Guardia Civil descubre en Alicante una trama de expolio arqueológico de 50 años de antigüedad», disponible en: https://pecadosdelarte.com/noticia/280/actualidad/la-guardia-civil-descubre-en-alicante-una-trama-de-expolio-arqueo-logico-de-50-anos-de-antiguedad.html, consultado el 01/09/02024.

–   Cinco ponderas de un telar de la época de la Antigua Roma.

–   Un cráneo humano.

–   Una granada de hierro y diversas bolas de cañón del S. XVIII.

–   Más de 1.000 teselas que formaban mosaicos de la época romana.

–   Diversos fósiles amonites y nautilus.

–   Material cerámico del período comprendido desde la Edad del Bronce hasta mediados del siglo XX.

–   Varios ungüentarios romanos.

–   Herramientas de sílex del Paleolítico.

–   Media espada del S. XII. Fauna y malacofauna arqueológica.

–   Material latericio (material de construcción) romano.

–   Más de 1.500 fósiles.

Fuente: Ministerio del Interior.

Fuente: Diario Información.

El volumen de las piezas arqueológicas y paleontológicas encontradas ha requerido la asistencia y colaboración del **Museo Arqueológico de Denia**, perteneciente al Área Sociocultural del Ayuntamiento, quien ha habilitado un lugar adecuado para su conservación y depósito.

El estudio de los especialistas podría ayudar a datar el origen y el contexto de las piezas, aumentando con ello el valor de las mismas e incluso facilitando la localización de nuevos yacimientos arqueológicos.

La Guardia Civil ha investigado a los dos dueños de estas colecciones privadas ilegales como presuntos autores de un delito de apropiación indebida en su modalidad agravada de bienes de valor artístico, histórico, cultural o científico. De ambas investigaciones se ha dado cuenta al Juzgado de Primera Instancia e Instrucción número 1 de Denia.

Por tanto, estamos ante una de las mayores colecciones privadas ilegales de la provincia de Alicante proveniente de la apropiación indebida, conocido como expolio, de yacimientos arqueológicos y paleontológicos de la provincia de Alicante. El expolio se entiende como toda acción u omisión que ponga en peligro de pérdida o de destrucción toda o alguna de los valores de los bienes que integran el patrimonio histórico español o perturbe el cumplimiento de su función social. A lo largo de los años el expolio ha constituido la forma más común de sustracción del patrimonio histórico y cultural y una de las actividades ilegales más denunciadas en nuestro territorio nacional.

Lo que conlleva no sólo la imposibilidad de estudiar los yacimientos y conocer nuestra historia sino también el disfrute general del patrimonio y ello con el fin principal de comercializarlos de forma ilegal. Es importante destacar la gran importancia de la protección del patrimonio en la provincia de Alicante, ya que debido a las riquezas terrestres y subacuáticas del territorio se convierte en un atractivo para las sustracciones ilegales del patrimonio, habiéndose producido a lo largo de los años numerosas intervenciones contra la lucha de estas actividades ilícitas. Y por todo ello y en este caso en concreto, se hace imprescindible la restitución internacional del patrimonio artístico de la provincia de Alicante a fin de lograr la conservación de nuestra historia en general y nuestra cultura en particular.

Como hemos descrito anteriormente, este caso se derivó a los Juzgados de Denia por la presunta comisión por parte de los herederos de un delito de apropiación indebida en su modalidad agravada. El Código Penal en su artículo 253 considera apropiación indebida los que, en perjuicio de otro, se apropiaren para sí o para un tercero, de dinero, efectos, valores o cualquier otra cosa mueble, que hubieran recibido en depósito, comisión, o custodia, o que les hubieran sido confiados en virtud de cualquier otro título que produzca la obligación de entregarlos o devolverlos, o negaren haberlos recibido, castigando su comisión con la pena de prisión de seis meses a tres años. Y se remite al artículo 250.1 para agravar las penas en determinados casos, entre los que se encuentra que los bienes integren el patrimonio artístico, histórico, cultural o científico, como es el caso que nos ocupa, incrementándose las penas de prisión de uno a seis años y multa de seis a doce meses. Queda evidenciada con esta tipificación las leves consecuencias de atentar contra el patrimonio, no siendo suficiente para la lucha contra el expolio ni para la restitución del patrimonio. Siendo imprescindible endurecer las penas, de tal modo que no sea tan factible apropiarse del patrimonio cultural, histórico o arqueológico y para ello, se hace imprescindible la colaboración de todos los partidos políticos a fin de que de forma consensuada se actualicen y adapten a la realidad la legislación vigente. Así como es imprescindible a su vez, la cooperación entre los distintos países, los cuales tienen sus propias reglas para salvaguardar el patrimonio, no sólo para establecer los procedimientos y la legislación aplicable de forma unificada facilitando con ello la lucha contra estas prácticas ilegales, sino también, para erradicar la venta ilegal de bienes que a su vez han sido también sustraídos ilegalmente y por la que, a día de hoy, se obtienen suculentos beneficios.

7.2. SUPUESTO DE HECHO II: EL CASO DEL LEGADO DEL INDUSTRIAL JULIO MUÑOZ RAMONET

En el año 2011, en una operación de la Guardia Civil[62] se recuperaron dos importantísimas obras del patrimonio artístico español, dos óleos sobre lienzo, La Anunciación de El Greco de 1570 y La Aparición de la Virgen del Pilar, de Francisco de Goya de 1775, las cuales llevaban desaparecidas desde finales de los años 90.

La Anunciación.

Fuente: Fundación Julio Muñoz Ramonet.

---

62. *Vid.* «Recuperan en Alicante dos obras de El Greco y Goya desaparecidas en 1997», disponible en: https://www.lasprovincias.es/v/20110416/alicante/recuperan-alicante-obras-greco-20110416_amp.html, consultado el 01/09/2024.

La Aparición de la Virgen del Pilar.

Fuente: Fundación Julio Muñoz Ramonet.

Ambas obran formaron parte de varias exposiciones internacionales y sus propietarios denunciaron su desaparición cuando debían regresar a España, a finales de la década de los noventa. A raíz de la denuncia, el Grupo de Patrimonio Histórico de la Guardia Civil incluyó las fotografías de las pinturas en las bases de datos de obras de arte sustraídas, tanto de carácter internacional como las gestionadas por el instituto armado, para dar a conocer a todos los cuerpos policiales la desaparición de ambos cuadros, dificultando su comercialización en el mercado negro del arte.

En octubre de 2010 los investigadores tuvieron conocimiento de la posible comercialización de las dos pinturas, por lo que, tras las pertinentes investigaciones, permitió localizar las dos obras de arte en un domicilio particular de la provincia de Alicante. La Unidad Central Operativa (UCO) de la Guardia Civil no precisó el municipio donde se ubicaba la vivienda a fin de preservar la identidad de su propietario, que no fue arrestado, posiblemente por su colaboración con las fuerzas de seguridad. Al parecer, se trataba de un anticuario. Ambos lienzos fueron entregados a los denunciantes, aunque permanecieron a disposición judicial, dado que se desconocía quiénes eran los legítimos propietarios de las obras, al encontrarse el caso en manos de la justicia y con litigios sin finalizar entre el Ayuntamiento de Barcelona y los herederos del propietario.

Los dos cuadros que se recuperaron pertenecían al legado del industrial Julio Muñoz Ramonet, el cual dejó en herencia su patrimonio al Ayuntamiento de Barcelona, el cual en cuanto se confirmó la autenticidad de los lienzos reclamó su restitución.

El industrial falleció en 1991 en Suiza dejando en herencia a la ciudad de Barcelona, dos fincas de su propiedad con todo su contenido, más de 800 obras, el palacete situado en la calle Muntaner[63] y otro en la calle Avenir, sin que se dispusiera de un inventario detallado de las obras de arte existentes en el interior. El Ayuntamiento de Barcelona siguiendo, las directrices del testamento del industrial, creó en 1995 la Fundación privada Julio Muñoz Ramonet, bajo su Patronato, con el fin de conservar, preservar, mantener y difundir su patrimonio cultural.

Las herederas del industrial, sus cuatro hijas, mantuvieron oculto el testamento durante años, hasta que a finales del año 1994 se tuvo conocimiento del mismo por parte del Ayuntamiento, a través de una carta que el arquitecto alemán Bernard Walter envió al alcalde de Barcelona, Pasqual Maragall en represalia a unas deudas impagadas por las herederas. Las hijas del industrial no estando conformes con la autenticidad del testamento, retuvieron la entrega de los bienes iniciando una extensa batalla judicial durante décadas al considerar que eran las legítimas propietarias de los bienes[64].

---

63. *Vid.* «Recuperan cuadros de Goya y El Greco desaparecidos hace 14 años», disponible en: https://cincodias.elpais.com/cincodias/2011/04/15/sentidos/1302999804_850215.html, consultado el 01/09/2024.
64. *Vid.* «Barcelona recupera los dos cuadros de Goya y El Greco del legado de Muñoz Ramonet», disponible en: https://www.gayrosellsolano.com/barcelona-recupera-los-dos-cuadros-de-goya-el-greco-del-legado-de-munoz-ramonet-n-36-es, consultado el 01/09/2024.

Tras años de litigios, en el año 2012 mediante STS, 153/2012, de 14 de marzo, se confirmó que el Ayuntamiento de Barcelona, a través de la Fundación Julio Muñoz Ramonet y no sus herederas, era el legítimo propietario del legado y depositario de la colección. Hasta que las herederas finalmente, en el año 2014, entregaron el palacete no se pudo corroborar la desaparición de numerosas obras de arte de la colección formada por obras de Fortuny, Sorolla, Goya, El Greco, Rembrandt, Murillo, Zurbarán o Monet, entre otros. Este legado de incalculable valor histórico y artístico se ha ido recuperando casi en su totalidad, ya que a día de hoy aún existen obras en paradero desconocido, poco a poco a lo largo de los años. De tal modo que en el año 2018 fueron restituidas a la Fundación 18 obras que las hijas del industrial se negaban a entregar y custodiaban en una finca de Sant Andreu de Llavaneres.

Por último, en el año 2020 fueron restituidas 474 obras, intervenidas por la unidad de patrimonio de la Guardia Civil en nueve emplazamientos de Madrid, Barcelona y Alicante durante los meses de febrero y marzo por mandamiento judicial. Entre ellas, piezas de Marià Fortuny, Eugenio Lucas e interesantes compartimentos de retablos góticos. Entre los emplazamientos registrados se encontraban dos almacenes de custodia de arte en Madrid, cinco domicilios y dos empresas familiares. Asimismo, durante estas intervenciones se recuperaron los inventarios de la colección, que es como poner «luz en la oscuridad», ya que no se había podido lograr averiguar qué piezas exactamente ni cuántas forman la colección legada. El industrial no las listó en el testamento y los inventarios que detallaban los fondos desaparecieron (junto con las obras importantes) del palacete de la calle de Muntaner antes de que el ayuntamiento tomara posesión del mismo. Hasta la fecha se había trabajado con fuentes secundarias, como los listados de la colección de Ròmul Bosch i Catarineu, que en los años 50 pasó a manos de Muñoz Ramonet, para la restitución de la totalidad del patrimonio.

Con respecto a los dos lienzos objeto de estudio y que son de las obras de arte más importantes y valiosas del legado, tras su recuperación por la Guardia Civil en el año 2011, a pesar de los numerosos intentos por parte de la Fundación de recuperar las dos obras, amparándose en la Sentencia del Supremo, que le reconocía como legítimo propietario, no fue hasta el año 2017 cuando las recuperó por mandato judicial. Los dos lienzos entregados al Museo Nacional de Arte de Cataluña (MANAC[65]) se encontraban en una casa de Madrid, propiedad de Manuel Castelo, nieto del difunto, el cual aseguraba que su abuelo se los cedió en vida, algo desestimado por el juez que consideró que no existía documentación que corroborara esa donación.

A pesar de la entrega por el nieto, éste interpuso un recurso de casación ante el Tribunal Supremo para reclamar la propiedad de los dos cuadros, lo cual supuso que los cuadros quedaran en depósito judicial, no pudiendo salir del museo sin autorización judicial hasta que se declarase la firmeza del procedimiento judicial. Y no fue hasta años después, en el 2022 cuando se finalizó el proceso, ya que el nieto del empresario retiró el recurso en base a la resolución del Tribunal Supremo que indicaba que no sería admitido.

Tras la exposición del caso, se evidencia claramente la problemática de la restitución del patrimonio artístico a sus legítimos propietarios. Con carácter general, cuando la Fundación Julio Muñoz Ramonet, logra recuperar el legado, tras la ocultación y posterior reticencia a su entrega por parte de los herederos del testador. La restitución del patrimonio no llegó hasta décadas después de una dura y extensa batalla judicial entre las partes, a pesar de que los Juzgados y Tribunales daban la razón una y otra vez a la misma parte, la Fundación.

Con ello, una vez más, queda patente la lentitud en estos procedimientos legales y máxime cuando en aras de la tutela judicial efectiva, los herederos se hacían valer de las distintas armas legales a su disposición, a través de la interposición de recursos en las distintas instancias. De nuevo reflejándose la necesidad de establecer una normativa específica y común y procedimientos ágiles de restitución del patrimonio con unas condenas rígidas que eviten la impunidad de estas conductas.

A nivel particular, con estas dos grandes pinturas, como son La Anunciación y La Aparición de la Virgen del Pilar, cuando por una sustracción ilícita de regreso tras una exposición desaparecen los dos

---

65. *Vid.* «Barcelona recupera por fin el "goya" y el "greco" de la colección Muñoz Ramonet», disponible en: https://www.elperiodico.com/es/barcelona/20170629/barcelona-recupera-goya-greco-coleccion-munoz-ramonet-6137070, consultado el 01/09/2024.

lienzos que se encontraban en posesión de la familia del industrial y que la Guardia Civil en una operación encuentra en un domicilio particular en Alicante, tras el intento de comercialización ilegal de las mismas por quienes las habían sustraído. Es conocido por todos los grandes beneficios económicos de la venta ilegal de obras de arte y máxime cuando se trata de piezas de gran valor, como es el caso que nos ocupa. Cuanto más valor tiene una pieza más interés despierta en su sustracción.

Lo que conlleva que estas piezas despierten especial interés por los ladrones de obras de arte para su posterior venta en el mercado negro. Gracias a la denuncia interpuesta se activaron los mecanismos policiales disponibles para dificultar la comercialización ilegal de las obras y que posteriormente permitieron su recuperación. Lo que se llevó a cabo es la introducción de la información y fotos de los oleos en la base de datos de obras de arte sustraídas, tanto a nivel nacional e internacional. Aunque con esta medida de cooperación policial, se lograron recuperar las obras, no fue hasta casi veinte años después de su sustracción, cuando los ladrones trataron de venderlas. Es importante tomar conciencia de la necesidad de adoptar medidas de prevención para evitar las sustracciones ilícitas, que en numerosas ocasiones se producen durante las exposiciones o en los traslados de las obras.

En la actualidad es habitual el uso de las nuevas tecnologías en nuestra vida cotidiana, pues bien, este hábito debe trasladarse en su máximo esplendor al mundo del arte en sentido amplio, de tal forma que aprovechemos todas y cada una de las ventajas que nos ofrecen las nuevas tecnologías para proteger y conservar el patrimonio artístico, así como en su caso, para agilizar su búsqueda y restitución a sus legítimos propietarios. Y a su vez, se adopten las medidas pertinentes para la puesta a disposición de todas las personas, de la información necesaria tanto sobre la estrategia de prevención de los robos, como sobre el comportamiento que debe adoptarse en caso de robo, de redescubrimiento del bien robado, las acciones de restitución o de reparación de las obras. Y es imprescindible establecer una normativa rígida y específica contra estas conductas ilegales que se llevan a cabo a lo largo de nuestra historia, así como un endurecimiento de las penas previstas actualmente para la comisión de estos delitos.

7.3. SUPUESTO DE HECHO III: EL CASO DEL ÓLEO DE SAN MIGUEL Y LA ESCULTURA EL TORSO

Los robos en el mundo del arte tienen consecuencias culturales muy graves, ya que se pierden piezas de gran valor histórico y artístico que forman parte del patrimonio cultural de la humanidad. Además, los robos contribuyen a la degradación y la destrucción del patrimonio cultural, ya que muchas veces las piezas son sacadas de su contexto original y se pierde información valiosa sobre su origen y su significado.

Por otra parte, los robos en el arte también contribuyen a la creación de un mercado negro de obras de arte robadas, donde las piezas son vendidas a coleccionistas privados o a organizaciones criminales que se dedican al tráfico de obras de arte. Este mercado negro fomenta la especulación y el lucro a costa del patrimonio cultural y contribuye a la pérdida de la memoria histórica y cultural de los pueblos. Las obras de arte robadas son, sin duda, un negocio muy lucrativo. Según las estimaciones, se trata de uno de los negocios ilegales que produce más ganancias.

Por tanto, el robo[66], el saqueo y el tráfico ilícito de bienes culturales se consideran delitos que tienen consecuencias de gran alcance. La UNESCO, mediante la elaboración de instrumentos jurídicos de referencia como la Convención de 1970, tiene por objeto luchar contra el tráfico ilícito de bienes culturales y salvaguardar el patrimonio cultural. El mercado clandestino del arte desempeña un papel importante en la facilitación del comercio ilícito de arte. Los contrabandistas explotan diversos métodos y canales para transportar y vender arte y antigüedades robados, lo que dificulta la lucha contra este comercio ilegal. Y a su vez, el mercado negro de antigüedades también prospera gracias a la demanda de objetos valiosos y raros, lo que perpetúa aún más el comercio ilegal.

El comercio ilícito de arte y antigüedades conlleva graves consecuencias en distintos ámbitos. En primer lugar, supone una amenaza sustan-

---

66. *Vid.* «De las obras maestras al contrabando: dentro del mundo del arte y el contrabando de antigüedades», disponible en: https://financialcrimeacademy.org/es/de-las-obras-maestras-al-contrabando-dentro-del-mundo-del-arte-y-el-contrabando-de-antiguedades/, consultado el 01/09/2024.

cial para la preservación del patrimonio cultural. Las obras de arte y los artefactos robados o adquiridos ilegalmente suelen ser irreemplazables y representan la historia y la identidad de las comunidades. La pérdida de estos tesoros culturales es una pérdida para la humanidad en su conjunto.

En segundo lugar, el contrabando de arte y antigüedades socava la integridad del mercado del arte. La inclusión de artículos obtenidos ilícitamente en el mercado legítimo perturba el funcionamiento justo y transparente del comercio de arte.

Por último, el contrabando de arte y antigüedades tiene implicaciones más amplias para la seguridad nacional. Los beneficios generados por el comercio ilícito pueden utilizarse para financiar actividades delictivas e incluso el terrorismo.

El lucrativo mercado negro de obras de arte y antigüedades ha prosperado principalmente por factores como el incesante interés adquisitivo de los coleccionistas[67], las carencias de las legislaciones pertinentes, la complicidad delictiva de algunos protagonistas del mercado del arte, la multiplicación de los saqueos en países en situación de conflicto y el auge de las plataformas de venta por Internet. Ese interés desmesurado por los bienes culturales constituye a la vez un peligro para su integridad. En efecto, el crecimiento de la demanda no solo impulsa el desarrollo del mercado legal del arte, sino que también fomenta los robos en museos, colecciones privadas y lugares de culto religioso, e incluso la destrucción irremediable de sitios arqueológicos o el pillaje de edificios y monumentos históricos. Además, la venta de obras de arte y objetos arqueológicos sustraídos se ha visto considerablemente facilitada por el auge que han cobrado en Internet las plataformas de comercio electrónico y las redes sociales. Así como, las innovaciones tecnológicas.

Y uno de los principales obstáculos en la restitución del patrimonio artístico proviene del blanqueo de objetos robados En el comercio de bienes culturales robados desempeñan un papel esencial el conjunto de los protagonistas del mercado del arte, como pueden ser los marchantes,

---

67.   *Vid.* «El mercado del arte, víctima de su éxito», disponible en: https://www.unesco.org/es/articles/el-mercado-del-arte-victima-de-su-exito, consultado el 01/09/2024.

tasadores, subastadores, conservadores de museos y coleccionistas privados, tanto si actúan de buena fe como los que delinquen. La ausencia de reglamentaciones legales específicas para este tipo de mercado, la carencia de medios suficientes para aplicarlas cuando existen y, obviamente, la complicidad delictiva de quienes falsifican documentos y certificados de procedencia de las obras de arte son factores esenciales, directos o indirectos, que se tienen en cuenta para elaborar las estrategias de blanqueo de bienes robados.

En efecto, una vez que esos bienes se introducen en el circuito del mercado legal por intermedio de galerías y empresas de subastas, resulta muy difícil identificar los que han sido sustraídos o saqueados.

Ciertamente, los bienes culturales son algo más que una herencia cultural en nuestro tiempo. Desde el siglo pasado no sólo son activos culturales, sino que a su vez se han convertido en auténticos activos desde el punto de vista económico, a modo de ejemplo son un gran reclamo en materia de turismo cultural, llevándose a cabo con ellos exposiciones temporales o permanentes en espacios cerrados o al aire libre para el disfrute del público en general. Lo que las convierte en un flanco fácil de robos, sustracciones para su posterior tráfico ilícito, o incluso de actos vandálicos. Y, por ende, una vez más nos encontramos ante la problemática de la restitución del patrimonio artístico ante estas sustracciones ilícitas.

Recientemente en la provincia de Alicante, dos autores reconocidos han sufrido sustracciones ilícitas de sus obras. Por una parte, la pintora ilicitana Inés Serna y por otra, el escultor alicantino, Vicente Ferrero.

El pasado año 2019, la pintora ilicitana denunció la desaparición[68] de una de sus obras, San Miguel, en el traslado a la iglesia romana de Fontana de Trevi, donde ya se encuentran expuestos de forma permanente también varios de sus cuadros (Teresa de Calcuta y San Pablo) que había pintado por encargo del vicario de la iglesia. En concreto, la obra fue enviada a Roma por la artista a través de una empresa de mensajería y sustraída en una escala a Milán, desconociéndose datos sobre la autoría y la comisión.

---

68. *Vid.* «El misterioso caso del cuadro de Elche desaparecido», disponible en: https://www.informacion.es/elche/2019/11/25/misterioso-caso-cuadro-elche-desaparecido-5098914.amp.html, consultado el 01/09/2024.

El cuadro de San Miguel es de temática religiosa, lo que desde hace años ha adquirido especial interés en este tipo de conductas delictivas, constituyendo el tipo de obras que se sustraen con más frecuencia.

Afortunadamente, tras tres meses y medio en paradero desconocido fue encontrado y depositado en su destino, la iglesia de Roma. A día de hoy se desconoce el lugar donde ha podido encontrarse el cuadro durante este tiempo y quién lo sustrajo.

Fuente: Onda Cero.

Otra sustracción ilícita reciente en la provincia de Alicante tuvo lugar en el municipio de El Campello en el año 2022. El escultor alicantino, Vicente Ferrero Molina tenía en exposición permanente al aire libre, en el Paseo de la Voramar[69] de les escultures de El Campello, un conjunto escultórico, integrado por tres piezas donde la mujer es

---

69.   *Vid.* «Roban el 'Torso' del Paseo de la Voramar de les Escultures de El Campello», disponible en: https://alicanteplaza.es/roban-el-torso-del-paseo-de-la-voramar-de-les-escultures-de-el-campello, consultado el 01/09/2024.

la absoluta protagonista, y ubicadas en distintos emplazamientos del paseo. Son La bañista, Torso y Niña leyendo. Obras de grandes dimensiones y peso.

Fue el propio artista el que descubrió el robo de la escultura Torso al no estar en su emplazamiento. A diferencia del cuadro de la artista ilicitana, a día de hoy, tras dos años desaparecida, se desconoce la forma en que se perpetró la sustracción, la autoría de los hechos y su paradero.

Fuente: Ayuntamiento de El Campello.

Los robos en el mundo del arte son un fenómeno grave y preocupante que afecta a la cultura y a la memoria histórica de la humanidad. Es de vital importancia para la protección, conservación y disfrute de nuestro patrimonio artístico adoptar medidas para evitar que las obras de arte sean constante objeto de sustracciones ilícitas, así como de su restitución.

En primer lugar, es fundamental que se fomente la educación y se conciencie a la ciudadanía de la importancia que tiene el patrimonio cultural y la necesidad de preservarlo para las generaciones futuras a través de campañas divulgativas. Es la forma de garantizar que el legado artístico y cultural de nuestra civilización perdure a lo largo del tiempo. Por otra parte, es importante establecer normativas estrictas, específicas y comunes en los distintos Estados en contra de estas conductas delictivas con condenas más gravosas que desalienten las actividades ilícitas en el mercado del arte y las antigüedades. Además, cobra vital importancia fortalecer y unificar la colaboración entre los distintos organismos policiales y judiciales, así como con las empresas de redes sociales y del mercado del arte, organizaciones internacionales y comunidades locales para combatir eficazmente el mercado negro de antigüedades.

Sería conveniente, también establecer prácticas de actuación estandarizadas para el mantenimiento de registros y la exigencia de transacciones transparentes, incluida la divulgación de los beneficiarios reales. De esta forma, al aumentar la transparencia, el mercado del arte puede crear un entorno más responsable y disuadir la circulación de artefactos culturales robados.

Y es de vital urgencia, como ha quedado patente en los dos últimos ejemplos de sustracciones de la provincia de Alicante que se extremen las medidas de seguridad en las obras expuestas en los exteriores, en concreto en la vía pública y se adopten eficaces medidas de vigilancia, así como en los traslados de las mismas.

7.4. SUPUESTO DE HECHO IV: EL CASO DEL ELGINISMO EN ALBATERA

España ha sido víctima del «*elginismo*» a lo largo de su historia. En primer lugar, para conocer el significado de este término, debemos comenzar por comprender su procedencia. Sir Thomas Bruce[70], 7º conde de Elgin aprovechó su misión diplomática en Atenas para llevarse esculturas del Partenón a su país, Gran Bretaña (el conjunto, conocido como *Elgin Marbles*, el cual se encuentra en el Museo Británico de Londres), manifestando que su intención era darlas a conocer, siendo por el contrario una gran transacción comercial para su propio disfrute, sobre el año 1801. Su contemporáneo Lord Byron arremetió contra él

---

70. *Vid.* «El "elginismo": arquitectura trasplantada por expolios y ambiciones (con el ejemplo del palacio del Canto del Pico de Torrelodones)», disponible en: https://urban-networks.blogspot.com/2020/09/el-elginismo-arquitectura-trasplantada.html, consultado el 01/09/2024.

por esa acción y lograría que su nombre quedara asociado al expolio de obras de arte y, en particular, de arquitectura. En este caso, el elginismo supone el traslado de partes de edificios (y en ocasiones de la construcción completa).

Se trata de operaciones, generalmente clandestinas[71] y con fuertes intereses económicos de por medio, de desmembrado o destrucción de edificios históricos, con traslado de sus piezas a distinto lugar (generalmente a otros países), a fin de saciar las ambiciones artísticas de personajes acaudalados, coleccionistas o museos.

La ambición es la máxima expresión del elginismo, la que ha conllevado a la destrucción y pérdida de patrimonio histórico, ya que el único interés en juego era acumular el máximo de obras de arte cuanto más valiosas mejor, sin ni siquiera entenderlas ni respetarlas. Ambición que consiguió que propietarios renunciaran a siglos de historia a cambio de dinero, que agentes e intermediarios por escasos beneficios no respetaran las obras de arte, condenándolas a un incierto futuro y en la que aquellos que participaron a través del soborno o la coacción, guardaran silencio o cooperaran directamente en la operación.

El arquitecto y catedrático de la Universidad Politécnica de Madrid José Merino de Cáceres[72] manifestó que el elginismo, es un tipo de expolio, que arrebata la historia y razón de ser a los edificios. De tal forma, que los monumentos son desmembrados y después trasladados perdiendo su sentido, al ser separados de su contexto y de la intención de uso con que se diseñaron. Por tanto, es un sistema de destrucción del patrimonio.

A su vez, Merino explicó la diferencia entre los bienes muebles, como un cuadro, y los inmuebles, como un edificio. Estableciendo que, mientras que los primeros no están asociados al entorno que los rodea, ni pensados para estar en dicho entorno, en la mayoría de los casos, por

---

71. *Vid.* «*Un singular aspecto del Elginismo. El caso de patios y claustros*», *disponible en:* https://dialnet.unirioja.es/servlet/articulo?codigo=5345703, consultado el 01/09/2024.

72. *Vid.* «José Merino afirma que el elginismo arrebata "la historia y razón de ser" a los edificios», disponible en: https://www.20minutos.es/noticia/1209531/0/, consultado el 01/09/2024.

el contrario, los inmuebles tienen un solar y su construcción responde a una intención de uso y habitabilidad. En definitiva, cada edificio tiene un simbolismo en el lugar en que se construye. Y, por tanto, tan importante es el edificio, como lo que representa, como lo que asume de historia y lo que ha ocurrido en ese solar.

El arquitecto ejemplifica el término explicando la reconstrucción que dirigió de la sala capitular del monasterio español de Óvila, el cual fue vendido en 1929 al magnate de la prensa Randolph Hearst. El monumento fue separado de su ubicación original en Guadalajara y trasladado en 16 barcos a Estados Unidos. Tras la ruina del magnate en 1929 fue cedido al no poder hacer frente a los pagos para su almacenaje. Tras años de infructuosos intentos y tres proyectos fallidos de reconstrucción, un grupo de monjes trapenses de Vina (San Francisco) se hicieron con los restos del monumento, del que sólo se conservaban ya el 30 por ciento de las piezas de la sala capitular e iniciaron la reconstrucción de dicha sala.

España ha sido uno de los países que ha sufrido un expolio arquitectónico importante, teniendo a los Estados Unidos como destino habitual. Aunque sin salir del país también hay casos de elginismo hispano. Uno de los más destacados es el palacio del Canto del Pico de Torrelodones, la casa-museo que levantó el tercer Conde de las Almenas en 1922 con piezas de muchas procedencias españolas.

El paradigma del elginismo moderno fue el multimillonario William Randolph Hearst. Su castillo californiano se construyó como una especie de Frankenstein arquitectónico con partes extraídas de lugares muy diversos, entre los cuales se encuentra parte del palacio de los señores de Rocafull en Albatera.

Entrada principal original y maqueta el Palacio.

Fuente: Blog Historia de Albatera.

Ventanal del Palacio.

Fuente: Diario Información.

Uno de los mayores artífices del expolio americano del patrimonio europeo y más en concreto español durante principios del siglo XX fue

William Randolph Hearst[73], periodista, editor, publicista, empresario, inversionista, político y magnate de la prensa estadounidense. Pero además de todas estas facetas, Hearst escondía una más, la de obsesivo comprador de patrimonio artístico y cultural.

A lo largo de los años acumuló ingentes cantidades de patrimonio español, en numerosas ocasiones siendo adquirido a precios ridículamente baratos. Las piezas adquiridas por Hearst abarcan desde conventos y palacios (muchos de ellos comprados de forma ilegal y/o corrupta), siendo desmantelados piedra a piedra para transportarlos a Estados Unidos, hasta esculturas y cuadros.

Y de todas las adquisiciones en territorio español, se encontraba parte del patrimonio de Albatera, incluido en un lote de patrimonio del III conde de las Almenas, el cual fue vendido en su totalidad en la American Art Association a William Herst en el año 1927. El artífice de esta venta fue Arthur Byne, tratante de arte y otro de los grandes nombres del expolio del patrimonio español, a través de la agente de Hearst, Julia Morgan.

Dicha pieza del patrimonio albaterense se trataba de un artesonado del Palacio de los señores de Rocafull (también conocido como Palacio de los condes de Albatera), la cual se encuentra actualmente en alguna parte del «Hearst Castle», el castillo-palacio de William Randolph Hearst.

Esta pieza se trataría de un techo formado de artesones, cuyas partes principales eran las de un friso tallado en madera de pino dorada, de unos setenta centímetros de anchura, con cantidad de grutescos, amorcillos y otros temas de decoración plateresca, según afirma Antonio Valls.

Nos encontramos de nuevo ante un caso de expolio del patrimonio artístico español, y en concreto de la provincia de Alicante. En la época en que se produjo eran frecuentes estas prácticas y máxime teniéndose en cuenta los actores intervinientes. Es innegable las grandes pérdi-

---

73. *Vid.* «La curiosa relación entre "Ciudadano Kane" y Albatera», disponible en: https://davidleon02.medium.com/la-curiosa-relaci%C3%B3n-entre-ciudadano-kane-y-albatera-cab6a37f5ef2, consultado el 01/09/2024.

das que se han tenido a lo largo de los años y que lamentablemente a día de hoy aún siguen produciéndose, lo que evidencia aún más la problemática de la restitución del patrimonio artístico de la provincia de Alicante.

Por ello, es imprescindible para conservar nuestra historia, nuestro legado, establecer normativas específicas y rigurosas con procedimientos ágiles que regulen por una parte la propiedad de los bienes y su restitución y por otra, que protejan de forma rigurosa nuestro patrimonio, evitando que estas crónicas negras vuelvan a suceder. Y estas normativas deben de provenir de una colaboración entre los distintos países para establecer normativas unificadas que sean de fácil aplicación a nivel internacional evitando batallas judiciales eternas y faciliten la restitución del patrimonio de manera justa y eficiente.

Cuestiones de competencia judicial internacional: distintos tratados para abordar la restitución de obras de arte

SUMARIO: 1. FOROS DE COMPETENCIA JUDICIAL INTERNACIONAL EN LITIGIOS SOBRE BIENES MUEBLES EN GENERAL. 2. FOROS DE COMPETENCIA JUDICIAL INTERNACIONAL EN LITIGIOS SOBRE RECUPERACIÓN DE BIENES CULTURALES.

Como ya se ha mencionado anteriormente, la competencia judicial internacional en litigios relacionados con bienes muebles, especialmente aquellos de valor histórico-artístico y cultural, es un aspecto crucial en el Derecho internacional privado español. Esta sección aborda los marcos jurídicos y los foros de competencia en casos transfronterizos.

El marco jurídico para determinar la competencia judicial internacional en España es una estructura compleja que incorpora diversas fuentes legales, tanto a nivel nacional como internacional. Este marco es esencial para abordar la naturaleza multifacética de los litigios que involucran bienes culturales y artísticos en un contexto globalizado.

La legislación española establece principios generales sobre jurisdicción y competencia judicial. El Código Civil y la Ley de Enjuiciamiento Civil proporcionan las bases para determinar la competencia en asuntos civiles y comerciales, incluyendo aquellos relacionados con bienes muebles.

Dentro de la Unión Europea, el Reglamento (UE) N.º 1215/2012 del Parlamento Europeo y del Consejo, de 12 de diciembre de 2012, relativo a la competencia judicial, el reconocimiento y la ejecución de resoluciones judiciales en materia civil y mercantil (en adelante, el Reglamento Bruselas I bis)[1] es crucial. Este reglamento establece reglas claras sobre la competencia judicial, el reconocimiento y la ejecución de sentencias en materia civil y mercantil entre los Estados Miembros, lo que es especialmente relevante en litigios transfronterizos sobre bienes culturales.

España es parte de varios tratados internacionales y convenios bilaterales que afectan la competencia judicial en materia de bienes culturales. Por ejemplo, la Convención de La Haya de 1954 para la Protección de los Bienes Culturales en Caso de Conflicto Armado, y la Convención de la UNESCO de 1970[2].

Además de las leyes generales sobre competencia judicial, existen regulaciones específicas para la protección y recuperación de bienes culturales. Estas incluyen leyes nacionales sobre patrimonio cultural, así como acuerdos internacionales destinados a combatir el tráfico ilícito de bienes culturales.

Según la Ley de Patrimonio Histórico de 1985, el patrimonio histórico se divide en dos grandes áreas para facilitar su protección. Esta categorización no es inflexible ni excluyente, ya que algunos bienes pueden pertenecer a más de una categoría. Las áreas son: natural y cultural. Esta última se subdivide en dos subáreas: bienes materiales (muebles e inmuebles) y bienes inmateriales. Este trabajo se centra específicamente en los bienes materiales muebles del patrimonio histórico-cultural, pues el objeto de estudio son obras de arte que se trasladan de un lugar a otro de manera legal e ilegal[3].

---

1.   Reglamento (UE) N.° 1215/2012 del Parlamento Europeo y del Consejo, de 12 de diciembre de 2012, relativo a la competencia judicial, el reconocimiento y la ejecución de resoluciones judiciales en materia civil y mercantil. *DOUE*, L 351/1, de 20 de diciembre de 2012.

2.   Convención para la Protección de los Bienes Culturales en caso de Conflicto Armado y Reglamento para la aplicación de la Convención de la *UNESCO*, de 14 de mayo de 1954, disponible en: https://es.unesco.org/about-us/legal-affairs/convencion-proteccion-bienes-culturales-caso-conflicto-armado-y-reglamento, consultado el 09/09/2024.

3.   *Vid.* F. R. SEPULCRE. DELITOS CONTRA EL PATRIMONIO HISTÓRICO: EVOLUCIÓN, ANÁLISIS CRÍTICO Y AGENTES INVOLUCRADOS. 2023. 50 f.

Este marco jurídico interconectado permite a las Cortes españolas y a los litigantes navegar en el complejo paisaje legal de los litigios internacionales sobre bienes culturales, equilibrando los principios del derecho internacional privado con las especificidades del patrimonio cultural.

1. FOROS DE COMPETENCIA JUDICIAL INTERNACIONAL EN LITIGIOS SOBRE BIENES MUEBLES EN GENERAL

En el ámbito del Derecho internacional privado, determinar el foro competente para resolver litigios sobre bienes muebles es un proceso que requiere un análisis detallado de varios factores clave. Estos factores son fundamentales para garantizar que los litigios se resuelvan de manera justa y eficiente, considerando la naturaleza transfronteriza de muchas de estas disputas.

Uno de los criterios primarios para determinar la competencia es la ubicación física del bien en disputa. Esto es particularmente relevante en casos donde los bienes muebles, como obras de arte o antigüedades, han cruzado fronteras internacionales. El principio de la *lex rei sitae* (la ley del lugar donde se encuentra el bien) a menudo juega un papel importante en estos casos.

Otro factor crucial es la residencia habitual de las partes involucradas en el litigio. En situaciones donde las partes residen en diferentes jurisdicciones, se debe determinar cuál de estas jurisdicciones es la más apropiada para resolver el litigio, tomando en cuenta la conexión de las partes con cada jurisdicción y la facilidad para acceder a la justicia.

En litigios que surgen de transacciones contractuales, como la compraventa de bienes muebles, el lugar de ejecución del contrato puede ser un factor determinante. Esto puede ser especialmente relevante cuando el contrato especifica una jurisdicción o un foro particular para la resolución de disputas.

Además de los criterios mencionados, los foros de competencia pueden estar influenciados por disposiciones contenidas en convenios internacionales y regulaciones de la Unión Europea. Por ejemplo, el

---

Trabajo de Fin de Grado — Curso de Doble Grado en Criminología y Psicología, Universidad Rey Juan Carlos, Madrid, 2024.

Reglamento Bruselas I bis establece reglas específicas sobre la competencia judicial en la UE, que pueden ser aplicables en litigios transfronterizos.

La elección del foro competente en estos litigios es una cuestión compleja que requiere equilibrar la eficiencia procesal, los derechos de las partes, y la relevancia de cada jurisdicción con respecto al bien y las circunstancias del caso.

2. FOROS DE COMPETENCIA JUDICIAL INTERNACIONAL EN LITIGIOS SOBRE RECUPERACIÓN DE BIENES CULTURALES

La determinación de foros competentes en litigios internacionales sobre la recuperación de bienes culturales es una tarea compleja, influenciada por múltiples factores y marcos legales. Estos litigios, a menudo, involucran aspectos únicos debido a la naturaleza especial de los bienes culturales y su importancia para las naciones y comunidades de origen.

- **Lugar de descubrimiento o recuperación del bien cultural:**

La determinación del foro competente en litigios relacionados con la recuperación de bienes culturales normalmente comienza con el lugar donde el bien fue descubierto o recuperado. Este factor es crucial por varias razones:

a) **Jurisdicción local sobre bienes descubiertos:** En muchos casos, la ley del lugar donde se descubre un bien cultural otorga jurisdicción a las autoridades locales para tratar asuntos relacionados con dicho bien. Esto es particularmente relevante en casos de hallazgos arqueológicos, donde los bienes pueden ser considerados parte del patrimonio nacional del país en el que se encuentran.

b) **Protección del patrimonio cultural:** Los países suelen tener leyes específicas que protegen los bienes culturales descubiertos en su territorio. Estas leyes están diseñadas para preservar el patrimonio cultural y pueden incluir restricciones sobre la exportación, venta o transferencia de dichos bienes[4].

---

4. *Vid.* MINISTERIO DE CULTURA, «Introducción a los niveles de protección del Patrimonio Cultural», disponible en: https://www.cultura.gob.es/cultura/patri-

c) **Cooperación internacional en casos de tráfico ilícito:** Cuando los bienes culturales son descubiertos en un contexto que sugiere tráfico ilícito, la jurisdicción del lugar de descubrimiento es fundamental. Esto se debe a la necesidad de cooperación internacional para investigar y resolver estos casos, en coordinación con INTERPOL y la UNESCO.

d) **Aspectos procesales y prácticos:** La jurisdicción del lugar de descubrimiento también puede ser preferible por razones prácticas y procesales. Investigar el origen de un bien, establecer su autenticidad y determinar su valor cultural es más fácil en el lugar donde se encuentra el bien, aprovechando los recursos y conocimientos locales.

e) **Consideraciones éticas y morales:** Además de las leyes, las consideraciones éticas y morales juegan un papel importante en la determinación de la competencia. Existe un creciente reconocimiento de la importancia de respetar el patrimonio cultural y los derechos de las comunidades y naciones de origen, lo que puede influir en la decisión de mantener los litigios en el lugar de descubrimiento.

• **País de origen del bien cultural:**

El país de origen de un bien cultural es de vital importancia en la determinación de la competencia judicial en litigios internacionales, especialmente en contextos de recuperación de bienes culturales, reflejando un reconocimiento de su conexión intrínseca con estos bienes y su papel en la preservación del patrimonio cultural global. Esta consideración se basa en varios principios y prácticas legales:

a) **Reivindicación de la propiedad cultural:** Los países de origen suelen reivindicar la propiedad sobre bienes culturales que forman parte de su patrimonio histórico y cultural. En casos de expoliación o exportación ilegal, estos países pueden buscar activamente la restitución y repatriación de estos bienes.

---

monio/bienes-culturales-protegidos/niveles-de-proteccion/introduccion.html, consultado el 09/09/2024.

b) **Legislación nacional aplicable en materia de patrimonio histórico-artístico y cultural:** La mayoría de los países tienen leyes específicas que rigen la protección y gestión de su patrimonio cultural. Estas leyes incluyen disposiciones sobre la recuperación de bienes culturales que han sido ilegalmente removidos de su territorio.

c) **Cooperación internacional:** El país de origen puede basarse en tratados internacionales, como la Convención de la UNESCO de 1970 y la Convención de UNIDROIT de 1995, para fundamentar su reclamación y buscar cooperación internacional en la recuperación de bienes culturales. Estos tratados establecen marcos para la repatriación y proporcionan mecanismos para la resolución de disputas.[5]

d) **Intereses culturales y éticos:** Más allá de las cuestiones legales, los intereses culturales y éticos juegan un papel importante, debido a que la restitución de bienes culturales al país de origen se ve como un acto de justicia histórica y una forma de preservar y respetar la identidad cultural de una nación o comunidad.

e) **Competencia judicial internacional y determinación de la ley aplicable:** Los tribunales en el país de origen pueden ser considerados competentes para juzgar casos relacionados con la recuperación de bienes culturales, especialmente cuando las leyes nacionales han sido violadas, como en casos de robo o exportación ilegal.

• **Lugar de la transacción o donde surgió el litigio:**

El lugar donde se realizó la transacción o donde surgió el litigio sobre un bien cultural es un factor determinante en la identificación del foro competente para litigios internacionales por varias razones:

a) **Jurisdicción basada en el lugar de la transacción:** En casos donde la compra, venta o transferencia de un bien cultural se llevó a cabo, la jurisdicción local puede reclamar competencia sobre los litigios

---

5.　Convenio UNIDROIT de 1995 sobre bienes culturales robados o exportados ilegalmente, disponible en: https://www.unidroit.org/instruments/cultural-property/1995-convention, consultado el 09/09/2024.

derivados de dicha transacción. Esto es especialmente relevante en casos de disputas contractuales o cuestiones relacionadas con la interpretación de los términos y condiciones de la venta.

b) **Aplicación de la ley local:** El lugar de la transacción generalmente implica la aplicación de la ley local en términos de contratos comerciales y normativas de transferencia de bienes. Esto puede incluir aspectos como la validez del contrato, la representación de las partes y el cumplimiento de las normativas locales sobre comercio y exportación de bienes culturales.

c) **Facilidad de acceso a evidencias y testigos:** Resolver un litigio en el lugar donde ocurrió la transacción o disputa puede facilitar el acceso a cruciales evidencias y a testigos. Esto es importante en casos donde la documentación de la transacción o las declaraciones de las partes y testigos son clave para el caso.

d) **Consideraciones prácticas y logísticas:** La elección de este foro puede ser motivada por consideraciones prácticas, como la disponibilidad de recursos legales, la facilidad de procedimientos legales, y la proximidad a las partes involucradas en el litigio.

e) **Coherencia con normas internacionales:** En el contexto de bienes culturales, las disputas sobre la transacción pueden involucrar aspectos de derecho internacional. La elección del lugar de la transacción como foro competente puede ser coherente con normas y tratados internacionales que regulan el comercio de bienes culturales.

En todo caso, la recuperación de bienes culturales en litigios internacionales implica una serie de consideraciones especiales que van más allá de los aspectos puramente legales. Estas consideraciones especiales, que requieren un enfoque equilibrado y sensible, son fundamentales para entender la complejidad y sensibilidad de estos casos:

a) **Valor histórico y cultural:** Los bienes culturales no son meros objetos materiales; su valor reside en su significado histórico, artístico y cultural. La recuperación de estos bienes implica considerar su importancia para la identidad y el patrimonio de las comunidades y naciones involucradas.

b) **Derechos de las comunidades originarias:** En muchos casos, los bienes culturales son esenciales para las comunidades originarias o indígenas. Las reclamaciones de repatriación pueden basarse en la importancia de estos objetos para la preservación de la cultura, las tradiciones y la memoria colectiva de estas comunidades.

c) Ética y restitución: Las consideraciones éticas juegan un papel crucial en la recuperación de bienes culturales. Esto incluye el reconocimiento de injusticias históricas, como el saqueo durante conflictos o la adquisición ilegal, y la necesidad de restituir estos bienes de manera justa y ética.

d) **Legislación internacional sobre protección del patrimonio histórico-artístico y cultural:** Además de los tratados y convenciones, existe una creciente legislación internacional enfocada en la protección y preservación del patrimonio cultural. Estas leyes abogan por la devolución de bienes culturales a sus países de origen y la protección contra el tráfico ilícito.

e) **Impacto en las relaciones internacionales:** Los litigios sobre la recuperación de bienes culturales pueden tener implicaciones en las relaciones diplomáticas entre países. La forma en que se manejan estos casos puede influir en la cooperación cultural y política internacional.

f) **Equilibrar los derechos jurídicos con las consideraciones culturales:** Aunque los principios jurídicos son la base de la resolución de conflictos, cada vez se reconoce más la necesidad de equilibrarlos con consideraciones culturales, históricas y éticas. Este planteamiento respeta tanto el Estado de Derecho como el significado cultural de los objetos en cuestión.

III

Claves para la determinación de la ley aplicable a este tipo de litigios

SUMARIO: 1. MARCO JURÍDICO DE REFERENCIA. 2. LEY APLICABLE Y BIENES DEL PATRIMONIO HISTÓRICO ESPAÑOL. 3. LEY APLICABLE Y BIENES DEL PATRIMONIO HISTÓRICO DE OTROS PAÍSES. 4. LEY APLICABLE Y BIENES CULTURALES ROBADOS O EXPORTADOS ILÍCITAMENTE. 5. VENTAJAS DE LA NEGOCIACIÓN Y LOS MÉTODOS ADR PARA RESOLVER LITIGIOS INTERNACIONALES EN ESTA MATERIA.

Para determinar la ley aplicable en situaciones en las que intervienen múltiples nacionalidades, el Derecho internacional privado adopta sus propios métodos de regulación. Estos métodos han evolucionado a lo largo de la historia. En la Antigüedad y la Edad Media predominó un enfoque unilateral, con la creación de normas materiales que ofrecían respuestas jurídicas a situaciones de la vida privada internacional.

Con la llegada de la época estatutaria, entre los siglos XIV y XIX, las normas empezaron a tener un alcance distinto, variando según el sujeto u objeto de que se tratara. A partir de mediados del siglo XIX, influenciadas por las enseñanzas de F.C. Von Savigny, las normas de Derecho internacional privado pasaron a denominarse «normas de conflicto», con el objetivo de identificar la legislación adecuada para regular cada situación específica basada en las relaciones de tráfico internacional[1].

---

1.   *Vid*. A. ORTEGA GIMÉNEZ y L. HEREDIA SÁNCHEZ, *El derecho internacional privado como sistema jurídico y las fuentes del derecho internacional privado español.*, pp. 12-13, Elche (España), 2023.

La determinación de la ley aplicable en litigios internacionales sobre bienes culturales es un aspecto esencial para resolver disputas de manera justa y efectiva. Este proceso involucra analizar diversos factores y aplicar principios de Derecho internacional privado.

Este principio determina qué ley aplicar cuando existen discrepancias entre las legislaciones de diferentes países. En el caso de bienes culturales, ello implica considerar:

- **Ley del lugar donde se encuentra el bien (= *lex rei sitae*):** Tradicionalmente, la ley del lugar donde se encuentra actualmente el bien ha sido crucial para determinar la propiedad. Sin embargo, en casos de restitución, se argumenta que la *lex situs* podría ser insuficiente para abordar adecuadamente las injusticias históricas.

- **Ley del país de origen del bien:** En casos de arte robado, algunos argumentan que la ley del país de origen debería tener precedencia, especialmente si el bien fue adquirido ilegalmente.

1.   MARCO JURÍDICO DE REFERENCIA

El marco jurídico de referencia para la determinación de la ley aplicable en litigios internacionales sobre bienes culturales en España se basa en un conjunto de normativas y principios tanto nacionales como internacionales. Este marco establece las pautas para identificar la legislación pertinente en cada caso específico.

- **Código Civil:**

El Código Civil Español[2] es un pilar fundamental en el marco jurídico para la determinación de la ley aplicable en litigios internacionales sobre bienes culturales. Sus disposiciones tienen implicaciones significativas en varios aspectos:

a)   **Normas de conflicto de leyes:** El Código Civil contiene normas de conflicto que son esenciales para determinar qué legislación debe aplicarse en casos con elementos internacionales. Estas nor-

---

2.   Real Decreto de 24 de julio de 1889 por el que se publica el Código Civil, *Gaceta de Madrid*, núm. 206, de 25 de julio de 1889.

mas ayudan a resolver cuestiones sobre la aplicación de leyes extranjeras y la determinación de la jurisdicción competente.

b) **Propiedad y transacciones de bienes:** En el contexto de bienes culturales, el Código Civil establece las reglas generales sobre la propiedad, los contratos de compraventa y la transmisión de bienes. Esto es crucial para casos que involucran disputas sobre la titularidad de bienes culturales, su compra o venta y la validez de las transacciones.

c) **Protección del patrimonio histórico-artístico y cultural:** Aunque la protección específica del patrimonio cultural se aborda principalmente en la legislación especializada, el Código Civil ofrece un marco general para entender cómo se aplica la ley española a bienes de importancia cultural, especialmente en lo referente a su protección, conservación y transmisión.

d) **Sucesiones y herencias:** En litigios que involucran la sucesión de bienes culturales, especialmente en contextos transfronterizos, el Código Civil proporciona las bases para determinar la ley aplicable a las sucesiones. Esto es esencial para casos que involucran herencias internacionales y la distribución de bienes culturales como parte del legado.

e) **Interacción con Tratados y Convenios internacionales:** Aunque el Código Civil es la ley fundamental en España, su aplicación en el contexto de bienes culturales debe considerar la interacción con tratados internacionales relevantes. Esto asegura que la ley aplicada sea coherente con las obligaciones internacionales de España.

El Código Civil Español, por tanto, proporciona un marco legal esencial para la determinación de la ley aplicable en litigios internacionales, ofreciendo principios y normas que guían la resolución de disputas en el contexto de la protección y recuperación de bienes culturales.

- **Reglamentos «Roma I» y «Roma II» de la Unión Europea:**

Los Reglamentos «Roma I» y «Roma II» de la Unión Europea son esenciales para determinar la ley aplicable en litigios internacionales, incluidos aquellos relacionados con bienes culturales. Estos reglamentos proporcionan un marco coherente y armonizado para la elección de la ley en el ámbito de la Unión Europea.

a) **Reglamento «Roma I»**[3]: Este reglamento se ocupa de la ley aplicable a las obligaciones contractuales. Establece las normas para determinar qué legislación nacional se aplica a los contratos internacionales. En el contexto de los bienes culturales, es particularmente relevante para contratos de compraventa, préstamo o restauración de obras de arte y otros bienes culturales.

b) **Reglamento «Roma II»**[4]: Este reglamento rige la ley aplicable a las obligaciones extracontractuales, lo cual es crucial para litigios relacionados con la responsabilidad civil, incluyendo la restitución de bienes culturales robados o dañados. Ofrece directrices sobre cómo determinar la ley aplicable en casos de delitos o actos ilícitos transfronterizos.

c) **Uniformidad y previsibilidad en la UE:** Ambos reglamentos buscan proporcionar uniformidad y previsibilidad en la determinación de la ley aplicable dentro de los Estados miembros de la UE. Esto es vital para garantizar la coherencia en el tratamiento de litigios transfronterizos y facilitar la resolución de disputas en el mercado interior.

d) **Excepciones y normas especiales:** Los reglamentos contienen disposiciones sobre excepciones y normas especiales en ciertas circunstancias. Por ejemplo, pueden existir reglas específicas relacionadas con la protección de los derechos de las partes más débiles o la consideración de leyes imperativas (*lois de police*).

e) **Interacción con otras leyes:** Aunque los Reglamentos «Roma I» y «Roma II» son instrumentos clave en la UE, su aplicación debe considerar la interacción con otras leyes nacionales relevantes y

---

3. Reglamento (CE) N.º 593/2008 del Parlamento Europeo y del Consejo, de 17 de junio de 2008, sobre la ley aplicable a las obligaciones contractuales («Roma I»), *DOUE* núm. 177, de 4 de julio de 2008.
4. Reglamento (CE) N.º 864/2007 del Parlamento Europeo y del Consejo, de 11 de julio de 2007, relativo a la ley aplicable a las obligaciones extracontractuales («Roma II»), *DOUE*, L 199/40, de 31 de julio de 2007.

tratados y convenios internacionales, particularmente aquellos relacionados con bienes culturales y su protección.

La aplicación de los Reglamentos «Roma I» y «Roma II» es fundamental para proporcionar claridad y coherencia en la determinación de la ley aplicable en casos complejos que involucran bienes culturales en un contexto europeo e internacional.

• **Convenios y Tratados internacionales:**

Los convenios internacionales desempeñan un papel crucial en la determinación de la ley aplicable en litigios internacionales, especialmente en casos relacionados con bienes culturales. Estos convenios establecen marcos legales y principios comunes que trascienden las fronteras nacionales.

a) **Convención de la UNESCO de 1970:** La Convención de la UNESCO de 1970 sobre las Medidas que Deben Adoptarse para Prohibir e Impedir la Importación, la Exportación y la Transferencia de Propiedad Ilícitas de Bienes Culturales establece marcos para la prevención del tráfico ilícito de bienes culturales y fomenta la restitución de objetos culturales a sus países de origen en caso de exportación ilegal. Aunque no es retroactiva, sirve como un estándar ético y legal para los esfuerzos de restitución posteriores a su adopción.[5]

b) **Convención de UNIDROIT de 1995:** Complementa la Convención de la UNESCO de 1970 proporcionando un marco legal más detallado para la restitución de bienes culturales robados y la devolución de bienes culturales exportados ilegalmente. Esta convención se centra en mejorar la cooperación internacional y establece principios para la devolución de objetos culturales robados, incluidos aquellos adquiridos de buena fe[6].

---

5. Convención sobre las medidas que deben adoptarse para prohibir e impedir la importación, la exportación y la transferencia de propiedad ilícitas de bienes culturales, de la *UNESCO*, de 14 de noviembre de 1970, disponible en: https://es.unesco.org/about-us/legal-affairs/convencion-medidas-que-deben-adoptarse-prohibir-e-impedir-importacion, consultado el 03/09/2024.

6. Convención sobre los bienes culturales robados o ilegalmente exportados de la *UNIDROIT* de 24 de junio de 1995, disponible en: https://www.unidroit.org/

c) **Convenios de La Haya de 1954:** Aunque no es un caso judicial, la Convención de la Haya para la Protección de los Bienes Culturales en caso de Conflicto Armado de 1954 y sus protocolos han servido como referencia en debates legales sobre la restitución de bienes culturales. Esta convención establece normas para la protección de patrimonio cultural durante conflictos armados y ha sido citada en discusiones sobre la obligación de restituir bienes culturales tras su saqueo en guerras.[7]

La adhesión a estos convenios internacionales refleja el compromiso de los países con la protección del patrimonio cultural mundial y proporciona un marco esencial para la determinación coherente de la ley aplicable en litigios complejos que involucran bienes culturales.

2. LEY APLICABLE Y BIENES DEL PATRIMONIO HISTÓRICO ESPAÑOL

En el contexto de los bienes pertenecientes al patrimonio histórico español, la determinación de la ley aplicable reviste una importancia particular debido a la necesidad de preservar y proteger estos bienes de relevancia cultural e histórica.

a) **Ley de Patrimonio Histórico Español**[8]**:** Esta ley constituye el marco legal primordial para la protección, conservación y enriquecimiento del patrimonio histórico en España. Incluye disposiciones específicas sobre la clasificación, tratamiento y transacción de bienes culturales, y juega un papel crucial en la determinación de la ley aplicable en litigios relacionados con estos bienes. En otras palabras, la legislación española sobre la protección del patrimonio histórico y cultural incluye disposiciones relevantes para la restitución de bienes culturales. Esta ley establece el

---

instruments/cultural-property/1995-convention, consultado el 03/09/2024.

7. Convención de La Haya para la protección de los bienes culturales en caso de conflicto armado y Reglamento para la aplicación de la Convención, de 14 de mayo de 1954, disponible en: https://es.unesco.org/about-us/legal-affairs/convencion-proteccion-bienes-culturales-caso-conflicto-armado-y-reglamento, consultado el 03/09/2024.

8. Ley 16/1985, de 25 de junio, del Patrimonio Histórico Español, *BOE* núm. 155, de 29 de junio de 1985.

marco dentro del cual se pueden reclamar bienes culturales que han sido ilegalmente exportados o robados.

b) **Restricciones en la exportación y comercio:** La ley establece restricciones significativas en la exportación y comercio de bienes del patrimonio histórico, asegurando que su venta, transferencia o exportación cumpla con las normativas nacionales. Esto es crucial para casos que involucran la venta internacional de bienes culturales españoles.

c) **Protección de bienes inmuebles y muebles de valor cultural:** La ley no solo se ocupa de los bienes inmuebles, como edificios y monumentos, sino también de bienes muebles de valor cultural, incluyendo obras de arte, manuscritos y otros objetos históricos. La determinación de la ley aplicable en litigios sobre estos objetos se rige en gran medida por estas normativas.

d) **Restitución de bienes culturales:** En casos de expoliación o apropiación ilícita de bienes culturales, la ley proporciona un marco para su restitución. Esto es relevante en litigios internacionales donde se busca la devolución de bienes culturales a España.

e) **Interacción con normas internacionales:** Aunque la Ley de Patrimonio Histórico es clave, su aplicación debe considerarse junto con las obligaciones internacionales de España, especialmente en relación con tratados y convenciones sobre protección del patrimonio cultural.

La ley aplicable en casos que involucran bienes del patrimonio histórico español refleja un esfuerzo por equilibrar la protección legal de estos bienes con los principios de justicia y equidad, asegurando su preservación para futuras generaciones.

3. LEY APLICABLE Y BIENES DEL PATRIMONIO HISTÓRICO DE OTROS PAÍSES

La determinación de la ley aplicable a bienes pertenecientes al patrimonio histórico-artístico o cultural de otros países en litigios internacionales es una cuestión compleja, que requiere una cuidadosa consideración de una variedad de factores legales, culturales y éticos, asegurando un enfoque equilibrado y justo en la resolución de litigios.

4. LEY APLICABLE Y BIENES CULTURALES ROBADOS O EXPORTADOS ILÍCITAMENTE

La determinación de la ley aplicable en casos de bienes culturales robados o exportados ilícitamente es una cuestión de suma importancia, dada la necesidad de proteger el patrimonio cultural y combatir el tráfico ilícito de bienes.

a) **Principio de *lex originis*:** En muchos casos, la ley del país de origen del bien cultural (= *lex originis*) se considera fundamental. Esta ley rige la protección y el estatus legal de los bienes culturales y es crucial para decidir sobre reclamaciones de restitución y repatriación de bienes robados o exportados de manera ilícita.

b) **Convenciones internacionales:** La Convención de la UNESCO de 1970 y 1972, bien como la Convención de UNIDROIT de 1995 juegan un papel clave. Estos tratados establecen normativas internacionales para la restitución de bienes culturales robados y la devolución de bienes exportados ilícitamente, ofreciendo un marco para la determinación de la ley aplicable en estos casos.

c) **Jurisdicción del país de descubrimiento o recuperación:** En situaciones donde los bienes han sido descubiertos o recuperados en un país diferente al de origen, la ley de este país puede ser relevante, especialmente para medidas cautelares y procesos iniciales de reclamación.

d) **Derechos de propiedad y transacciones de buena fe:** Los litigios a menudo involucran la evaluación de los derechos de propiedad y la protección de adquirentes de buena fe[9]. Esto requiere equilibrar la ley del país de origen con las normas sobre la adquisición de bienes y los derechos de propiedad en el país donde se encuentra el bien.

---

9. En el proceso de restitución, también se consideran los derechos de adquirentes de buena fe. Esto implica evaluar las circunstancias de la adquisición y determinar soluciones justas y equitativas que respeten tanto los derechos del país de origen como los del actual poseedor.

La ley aplicable en casos de bienes culturales robados o exportados ilícitamente debe abordarse con un enfoque que respete los tratados internacionales, proteja el patrimonio cultural y garantice la justicia y equidad en el manejo de estas disputas sensibles.

A modo de ejemplo, como se ha mencionado anteriormente, el Convenio de Unidroit[10] sobre Bienes Culturales Robados o Exportados Ilícitamente constituye un mecanismo crucial para facilitar la devolución o restitución automática de bienes culturales.

El artículo 10.3 de la Convención de UNIDROIT de 1995 establece que no legitima las transacciones ilegales anteriores a su entrada en vigor, es decir, que no es retroactivo. El hecho generador de la aplicación de la Convención es la fecha de la exportación ilegal de la obra de arte, lo que exige comprobar cuándo ratificó el Acuerdo cada país signatario. En otras palabras, la exportación ilegal debe haberse producido después de la entrada en vigor de la Convención tanto en el país requirente como en el país donde se presenta la solicitud (art. 10.2).

Además, es fundamental subrayar que el solicitante debe ser un país, ya que el mecanismo de recuperación actúa *inter partes*. Por lo tanto, tanto el país desde el que se exportaron ilegalmente las mercancías como el país que presenta la solicitud deben ser Estados parte o Estados miembros de la Convención de UNIDROIT de 1995.

Estas condiciones son esenciales para que el mecanismo de recuperación de bienes culturales funcione de acuerdo con los principios establecidos en la Convención.

5. VENTAJAS DE LA NEGOCIACIÓN Y LOS MÉTODOS ADR PARA RESOLVER LITIGIOS INTERNACIONALES EN ESTA MATERIA

Los Alternative Dispute Resolutions (ADR) o métodos alternativos de resolución de conflictos son una medida pacífica para solucionar con-

---

10. *Vid.* C. M. C. DOMÍNGUEZ, RESTITUCIÓN Y NACIONALISMO CULTURAL. Tiempo de Paz: Arte y Valores, [s. l], v. 149, n. 7, p. 52-61, verano 2023. Trimestral. Disponible en: https://revistatiempodepaz.org/wp-content/uploads/2023/08/R-149.Tiempo-de-Paz_online_.pdf#page=54, consultado el 09/09/2024.

flictos en el ámbito de una negociación internacional, El propósito de los ADR es establecer las bases para poder resolver cualquier conflicto de forma privada y se caracterizan por ser procedimientos ágiles y menos onerosos que los procedimientos judiciales.

Los procesos del ADR son variados y van desde la negociación, conciliación, evaluación neutral, intervención de un tercero, hasta la mediación, por citar algunos ejemplos[11].

Las partes pueden considerar someter su controversia a mediación, que es en la práctica, el ADR más usado en este tipo de asuntos. La mediación puede programarse de manera independiente al arbitraje o de manera concurrente al mismo. En la mediación, un mediador imparcial e independiente ayuda a las partes a llegar a un acuerdo; sin embargo, el mediador no está facultado para dictar una decisión vinculante o laudo[12].

---

11.   Sobre la variedad de mecanismos de defensa en estos casos Vid. SUAREZ MANSILLA, M. «Nuevas medidas de lucha contra el tráfico ilícito de bienes culturales: especial referencia a los reglamentos (UE) 2019/880», en Tutela de los bienes culturales: una visión cosmopolita desde el derecho penal, el derecho internacional y la criminología / coord. por J. PERIAGO MORANT; C. GUISASOLA LERMA (dir.), 2021, pp. 613-661.
12.   AA. VV. PROCEDIMIENTOS INTERNACIONALES DE RESOLUCIÓN DE DISPUTAS (Incluyendo el Reglamento de Mediación y de Arbitraje) Reglamentos Modificados y en Vigor desde el 1 de junio de 2014,ICDR, disponible en https://www.adr.org/sites/default/files/International%20Dispute%20Resolution%20Procedures%20%28Including%20Mediation%20and%20Arbitration%20Rules%29%20-%20Spanish.pdf, consultado el 13/09/2024.

IV

Recomendaciones prácticas para llevar adelante los procesos de restitución internacional del patrimonio artístico de Alicante

1.   PLANTEAMIENTO

La regulación del comercio internacional de bienes culturales dentro de la Unión Europea es un área de creciente importancia dada la necesidad de proteger el patrimonio cultural y asegurar un comercio justo y legal de estos bienes.

La UE ha implementado varias regulaciones para controlar y regular el comercio de bienes culturales. Estas incluyen medidas para prevenir el tráfico ilícito, establecer criterios uniformes para la exportación e importación, y facilitar la restitución de bienes culturales robados o exportados ilícitamente.

Además, la UE requiere licencias de exportación para ciertos bienes culturales, asegurando que su salida de los Estados miembros se realice legalmente y con conocimiento de su importancia cultural. Estas licencias ayudan a prevenir la exportación ilegal y a mantener un registro de los bienes culturales que cruzan fronteras.

La UE mantiene y promueve el uso de bases de datos de bienes culturales robados, como la base de datos de INTERPOL, para asistir en la identificación y recuperación de bienes. Esto facilita la cooperación transfronteriza entre autoridades nacionales y organismos de aplicación de la ley. También fomenta la cooperación entre Estados miembros para la recuperación y restitución de bienes culturales. Esto incluye el apoyo a iniciativas para devolver bienes culturales a sus países de origen y la colaboración en investigaciones y procesos judiciales.

Especialmente sobre obras de arte, la *Fundación INTERPOL para un Mundo más Seguro* explica que «[...] las obras de arte valiosas también son el banco de ladrones para financiar sus actividades delictivas. El comercio ilícito de obras de arte se mantiene gracias a la demanda del mercado de las artes, la apertura de fronteras, la mejora de los sistemas de transporte y la inestabilidad política de ciertos países»[1].

Las regulaciones de la UE se alinean y complementan las disposiciones de tratados internacionales como la Convención de la UNESCO de 1970. Esto asegura un impacto coherente y refleja un compromiso con la protección del patrimonio cultural[2], la lucha contra el tráfico ilícito y la promoción de un comercio legal y ético de bienes culturales.

2. RECOMENDACIONES PRÁCTICAS APLICABLES A LA RESTITUCIÓN DE BIENES CULTURALES QUE HAYAN SALIDO DE FORMA ILEGAL DEL TERRITORIO ESPAÑOL COMO ESTADO MIEMBRO DE LA UE

La restitución de bienes culturales que han sido ilegalmente sacados del territorio de un Estado miembro de la Unión Europea es un aspecto crucial en la protección del patrimonio cultural y el combate al tráfico ilícito de bienes.

---

1. Fundación INTERPOL para un Mundo más Seguro. **Protección del patrimonio cultural**. Disponible en: https://www.interpol.int/es/Delitos/Delitos-contra-el-patrimonio-cultural/Proteccion-del-patrimonio-cultural,consultado el 03/09/2024.
2. La restitución de bienes culturales desde y hacia los Estados miembros refleja el compromiso de la UE con la protección del patrimonio cultural y la promoción de un mercado de arte y antigüedades responsable y legal.

La Unión Europea ha establecido un marco legal específico que facilita la restitución de bienes culturales sacados ilegalmente de un Estado miembro: La Directiva 2014/60. Este marco incluye directrices y procedimientos para identificar, reclamar y retornar dichos bienes a su país de origen dentro de la UE.[3]

La Directiva 2014/60 define los «bienes culturales» como aquellos que un Estado miembro reconoce como parte de su «patrimonio nacional que posea un valor artístico, histórico o arqueológico», independientemente de que se definieron así antes o después de su salida ilegal del país (artículo 2). A diferencia de la Directiva 93/7, la definición de bienes culturales de la Directiva 2014/60 no está condicionada a la inclusión de estos bienes en categorías específicas de un anexo o lista, ya que el anexo de la Directiva 93/7 no se ha incorporado a la Directiva 2014/60[4].

También cabe destacar una diferencia significativa entre la Directiva 2014/60 y el Convenio Unidroit de 1995. Mientras que la primera exige la existencia de exportación ilegal[5], la segunda permite la devolución de bienes culturales robados y la devolución de bienes culturales exportados ilegalmente (art. 1.a y art. 1.b).

---

3.   Directiva 2014/60/UE del Parlamento Europeo y del Consejo, de 15 de mayo de 2014, relativa a la restitución de bienes culturales que hayan salido de forma ilegal del territorio de un Estado miembro, y por la que se modifica el Reglamento (UE) N.º 1024/2012, *DOUE* L 159/1, de 28 de mayo de 2014.

4.   *Vid.* C. M. C. DOMÍNGUEZ. RESTITUCIÓN Y NACIONALISMO CULTURAL. Tiempo de Paz: Arte y Valores, [*s. l*], v. 149, n. 7, p. 52-61, verano 2023. Trimestral. Disponible en: https://revistatiempodepaz.org/wp-content/uploads/2023/08/R-149.Tiempo-de-Paz_online_.pdf#page=54, consultado el 03/09/2024.

5.   *Vid.* Directiva 2014/60/UE. Artículo 2°. A efectos de la presente Directiva se entenderá por: 1) «bien cultural»: un bien que esté clasificado o definido por un Estado miembro, antes o después de haber salido de forma ilegal del territorio de dicho Estado miembro, como «patrimonio artístico, histórico o arqueológico nacional», con arreglo a la legislación o procedimientos administrativos nacionales en el sentido del artículo 36 del TFUE; 2) «que haya salido de forma ilegal del territorio de un Estado miembro»: a)que haya salido del territorio de un Estado miembro infringiendo su legislación en materia de protección del patrimonio nacional o infringiendo las disposiciones del Reglamento (CE) no 116/2009, o b) que no haya sido devuelto al término de una salida temporal realizada legalmente, o que se infrinja cualquier otra condición de dicha salida temporal.

Además de regular el procedimiento de restitución automática, la Directiva también incluye una disposición de conflicto que determina la ley que regirá la propiedad en un procedimiento posterior sobre el fondo del asunto. Es importante señalar que el artículo 13 especifica la ley aplicable a la propiedad de los bienes tras su restitución, que es la ley del Estado miembro requirente[6].

Respecto a la oportunidad del hecho judicializado, la Directiva 2014/60 se aplica si la exportación ilegal tuvo lugar a partir del 1 de enero de 1993[7]. Sin embargo, los Estados miembros tienen la opción, como España, de aplicarla también a las mercancías exportadas ilegalmente desde el territorio de otros Estados miembros antes de esa fecha[8].

La restitución implica una estrecha cooperación entre los Estados miembros, lo que incluye el intercambio de información, asistencia en investigaciones y procedimientos judiciales, y apoyo en la identificación y recuperación de los bienes culturales.

Tanto el Convenio como la Directiva establecen un plazo relativo de 3 años a partir del momento en que el país de origen tiene conocimiento de la identidad del titular y del paradero del bien cultural. En otras palabras, el plazo para presentar una solicitud comienza cuando el país de origen cumple estos dos requisitos simultáneamente. Además, ambos instrumentos establecen un plazo absoluto: 50 años en el caso del Convenio y 30 años en el caso de la Directiva, contados a partir de la fecha de la exportación ilegal[9] [10].

---

6.   *Vid.* C. M. C. DOMÍNGUEZ. RESTITUCIÓN Y NACIONALISMO CULTURAL. Tiempo de Paz: Arte y Valores, [s. l], v. 149, n. 7, p. 52-61, verano 2023. Trimestral. Disponible en: https://revistatiempodepaz.org/wp-content/uploads/2023/08/R-149.Tiempo-de-Paz_online_.pdf#page=54, consultado el 03/09/2024.

7.   *Vid.* Directiva 2014/60/UE. Artículo 14. La presente Directiva sólo será aplicable a las salidas ilegales del territorio de un Estado miembro que se hayan producido a partir del 1 de enero de 1993.

8.   *Vid.* Directiva 2014/60/UE. Artículo 15. 2. Los Estados miembros podrán aplicar el régimen previsto en la presente Directiva a las solicitudes de restitución de bienes culturales que hayan salido de forma ilegal del territorio de otros Estados miembros antes del 1 de enero de 1993.

9.   *Vid.* Directiva 2014/60/UE. Artículo 8.1. Los Estados miembros dispondrán en su legislación que la acción de restitución en virtud de la presente Directiva prescriba en un plazo de tres años a partir de la fecha en que la autoridad central competente del Estado miembro requirente haya tenido conocimiento del lugar en el

La UE promueve el uso de sistemas de alerta y bases de datos, como el Sistema de Información del Mercado Interior (IMI) y la base de datos de INTERPOL, para buscar, rastrear y recuperar bienes culturales robados o exportados ilegalmente.

Los procedimientos para la restitución de bienes culturales incluyen mecanismos legales para presentar reclamaciones, pruebas de la salida ilegal de los bienes y procesos para facilitar su retorno seguro y efectivo.

2.1. PAUTAS PARA DETERMINAR DÓNDE DEMANDAR A EFECTOS DE RESTITUCIÓN

Elementos a tener en cuenta antes de iniciar acciones de restitución internacional:

✓ la ubicación física del bien en disputa. Esto es particularmente relevante en casos donde los bienes muebles, como obras de arte o antigüedades, han cruzado fronteras internacionales. El principio de la *lex rei sitae* (la ley del lugar donde se encuentra el bien) a menudo juega un papel importante en estos casos.

✓ la residencia habitual de las partes involucradas en el litigio. En situaciones donde las partes residen en diferentes jurisdicciones,

---

que se encontraba el bien cultural y de la identidad del poseedor o del tenedor del mismo. En cualquier caso, la acción de restitución prescribirá en un plazo de treinta años a partir de la fecha en que el bien cultural haya salido de forma ilegal del territorio del Estado miembro requirente. No obstante, en el caso de bienes pertenecientes a colecciones públicas, que se definen en el artículo 2, punto 8, y de bienes incluidos en los inventarios de instituciones eclesiásticas o de otras instituciones religiosas en aquellos Estados miembros donde tales bienes estén sometidos a un régimen especial de protección según la ley nacional, la acción de restitución prescribirá en un plazo de 75 años, excepto en los Estados miembros donde la acción sea imprescriptible o en el marco de acuerdos bilaterales entre Estados miembros en los que se establezca un plazo superior a 75 años.

10. *Vid*. Convenio de UNIDROIT sobre los bienes culturales robados o exportados ilícitamente de 1995. Artículo 5.5 Toda demanda de devolución deberá presentarse dentro de un plazo de tres años a partir del momento en que el Estado requirente haya conocido el lugar donde se encontraba el bien cultural y la identidad de su poseedor y, en cualquier caso, en un plazo de cincuenta años a partir de la fecha de la exportación o de la fecha en la que el bien hubiese debido devolverse en virtud de la autorización a que se hace referencia en el párrafo 2 del presente artículo.

se debe determinar cuál de estas jurisdicciones es la más apropiada para resolver el litigio, tomando en cuenta la conexión de las partes con cada jurisdicción y la facilidad para acceder a la justicia.

✓ si se tratara de un litigio surgido de transacciones contractuales, como la compraventa de bienes muebles, el lugar de ejecución del contrato puede ser un factor determinante. Esto puede ser especialmente relevante cuando el contrato especifica una jurisdicción o un foro particular para la resolución de disputas.

Criterios para determinar dónde demandar:

Primero: Los vinculados al lugar de descubrimiento o recuperación del bien cultural:

La determinación del foro competente en litigios relacionados con la recuperación de bienes culturales normalmente comienza con determinar el lugar donde el bien fue descubierto o recuperado.

Pautas a tener en cuenta durante este proceso:

✓ **Jurisdicción local sobre bienes descubiertos:** En muchos casos, la ley del lugar donde se descubre un bien cultural otorga jurisdicción a las autoridades locales para tratar asuntos relacionados con dicho bien. Esto es particularmente relevante en casos de hallazgos arqueológicos, donde los bienes pueden ser considerados parte del patrimonio nacional del país en el que se encuentran.

✓ **Normas sobre protección del patrimonio cultural:** Los países suelen tener leyes específicas que protegen los bienes culturales descubiertos en su territorio. Estas leyes están diseñadas para preservar el patrimonio cultural y pueden incluir restricciones sobre la exportación, venta o transferencia de dichos bienes[11].

---

11. *Vid.* MINISTERIO DE CULTURA, «Introducción a los niveles de protección del Patrimonio Cultural», disponible en: https://www.cultura.gob.es/cultura/patrimonio/bienes-culturales-protegidos/niveles-de-proteccion/introduccion.html, consultado el 09/09/2024.

✓ **Existencia de mecanismos de cooperación internacional en casos de tráfico ilícito:** Cuando los bienes culturales son descubiertos en un contexto que sugiere tráfico ilícito, la jurisdicción del lugar de descubrimiento es fundamental. Esto se debe a la necesidad de cooperación internacional para investigar y resolver estos casos, en coordinación con INTERPOL y la UNESCO.

✓ **Cuestiones procesales:** La jurisdicción del lugar de descubrimiento también puede ser preferible por razones prácticas y procesales. Investigar el origen de un bien, establecer su autenticidad y determinar su valor cultural es más fácil en el lugar donde se encuentra el bien, aprovechando los recursos y conocimientos locales.

✓ **Aspectos éticos y morales:** Además de las leyes, las consideraciones éticas y morales juegan un papel importante en la determinación de la competencia. Existe un creciente reconocimiento de la importancia de respetar el patrimonio cultural y los derechos de las comunidades y naciones de origen, lo que puede influir en la decisión de mantener los litigios en el lugar de descubrimiento.

Segundo: Los vinculados al país de origen del bien cultural.

En este caso, tratándose de España, es de vital importancia la búsqueda de un reconocimiento de su conexión intrínseca con estos bienes, en particular, para justificar la relación entre el territorio alicantino y su papel en la preservación del patrimonio cultural. Para justificar tal relación se ha de tener en cuenta lo siguiente:

✓ Las normas aplicables a la protección del Patrimonio Histórico y cultural, tanto europea, estatal como de la Comunidad Autónoma[12] que posibilita la búsqueda activa de la restitución y repatriación de estos bienes.

✓ La existencia de mecanismos de cooperación internacional, para fundamentar su reclamación y buscar cooperación internacional

---

12. Normativa disponible en https://cultura.gva.es/es/web/patrimonio-cultural-y-museos/informacion-juridica-administrativa, consultada el 11/09/2024.

en la recuperación de bienes culturales. Estos tratados establecen marcos para la repatriación y proporcionan mecanismos para la resolución de disputas.[13]

✓ Además de las cuestiones legales, los intereses culturales y éticos juegan un papel importante, debido a que la restitución de bienes culturales al país de origen se ve como un acto de justicia histórica y una forma de preservar y respetar la identidad cultural de una nación o comunidad.

✓ Justificar la competencia de los tribunales españoles para juzgar casos relacionados con la recuperación de bienes culturales, especialmente cuando las leyes nacionales han sido violadas, como en casos de robo o exportación ilegal.

Tercero: Los vinculados al lugar de la transacción o donde surgió el litigio.

El lugar donde se realizó la transacción o donde surgió el litigio sobre un bien cultural es un factor determinante en la identificación del foro competente para litigios internacionales por varias razones:

✓ **Jurisdicción basada en el lugar de la transacción:** En casos donde la compra, venta o transferencia de un bien cultural se llevó a cabo, la jurisdicción local puede reclamar competencia sobre los litigios derivados de dicha transacción. Esto es especialmente relevante en casos de disputas contractuales o cuestiones relacionadas con la interpretación de los términos y condiciones de la venta.

✓ **Aplicación de la ley local:** El lugar de la transacción generalmente implica la aplicación de la ley local en términos de contratos comerciales y normativas de transferencia de bienes. Esto puede incluir aspectos como la validez del contrato, la representación de las partes y el cumplimiento de las normativas locales sobre comercio y exportación de bienes culturales.

---

13. Convenio UNIDROIT de 1995 sobre bienes culturales robados o exportados ilegalmente, disponible en: https://www.unidroit.org/instruments/cultural-property/1995-convention, consultado el 09/09/2024.

✓ **Facilidad de acceso a evidencias y testigos:** Resolver un litigio en el lugar donde ocurrió la transacción o disputa puede facilitar el acceso a cruciales evidencias y a testigos. Esto es importante en casos donde la documentación de la transacción o las declaraciones de las partes y testigos son clave para el caso.

✓ **Consideraciones prácticas y logísticas:** La elección de este foro puede ser motivada por consideraciones prácticas, como la disponibilidad de recursos legales, la facilidad de procedimientos legales, y la proximidad a las partes involucradas en el litigio.

✓ **Coherencia con normas internacionales:** En el contexto de bienes culturales, las disputas sobre la transacción pueden involucrar aspectos de derecho internacional. La elección del lugar de la transacción como foro competente puede ser coherente con normas y tratados internacionales que regulan el comercio de bienes culturales.

2.2. CLAVES PARA DETERMINAR EL DERECHO APLICABLE A LOS LITIGIOS QUE AFECTAN AL PATRIMONIO ARTÍSTICO DE ALICANTE

Como ya se ha señalado *supra* el Código Civil Español es la base legal determinar la ley aplicable en litigios internacionales sobre bienes culturales y si bien la protección específica del patrimonio cultural se aborda principalmente en la legislación especializada, el Código Civil ofrece un marco general para entender cómo se aplica la ley española a bienes de importancia cultural, especialmente en lo referente a su protección, conservación y transmisión.

Recordemos que, aunque el Código Civil es la ley fundamental en España, su aplicación en el contexto de bienes culturales debe considerar la interacción con tratados internacionales relevantes. Esto asegura que la ley aplicada sea coherente con las obligaciones internacionales de España.

El Código Civil Español, por tanto, proporciona un marco legal esencial para la determinación de la ley aplicable en litigios internacionales, ofreciendo principios y normas que guían la resolución de disputas en el contexto de la protección y recuperación de bienes culturales.

Aplicación de las normas europeas:

- **Reglamentos europeos «Roma I» y «Roma II»**

Los Reglamentos «Roma I» y «Roma II» de la Unión Europea son esenciales para determinar la ley aplicable en litigios internacionales, incluidos aquellos relacionados con bienes culturales. Estos reglamentos proporcionan un marco coherente y armonizado para la elección de la ley en el ámbito de la Unión Europea.

✓ **Reglamento «Roma I»** [14]: Este reglamento se ocupa de la ley aplicable a las obligaciones contractuales. Establece las normas para determinar qué legislación nacional se aplica a los contratos internacionales. En el contexto de los bienes culturales, es particularmente relevante para contratos de compraventa, préstamo o restauración de obras de arte y otros bienes culturales.

✓ **Reglamento «Roma II»** [15]: Este reglamento rige la ley aplicable a las obligaciones extracontractuales, lo cual es crucial para litigios relacionados con la responsabilidad civil, incluyendo la restitución de bienes culturales robados o dañados. Ofrece directrices sobre cómo determinar la ley aplicable en casos de delitos o actos ilícitos transfronterizos.

Debe tenerse en cuenta que ambos reglamentos buscan proporcionar uniformidad y previsibilidad en la determinación de la ley aplicable dentro de los Estados miembros de la UE y ello es vital para garantizar la coherencia en el tratamiento de litigios transfronterizos y facilitar la resolución de disputas en el mercado interior.

Recomendaciones procesales a tener en cuenta:

✓ **Excepciones y normas especiales:** Los reglamentos contienen disposiciones sobre excepciones y normas especiales en ciertas

---

14. Reglamento (CE) N.º 593/2008 del Parlamento Europeo y del Consejo, de 17 de junio de 2008, sobre la ley aplicable a las obligaciones contractuales («Roma I»), *DOUE* núm. 177, de 4 de julio de 2008.
15. Reglamento (CE) N.º 864/2007 del Parlamento Europeo y del Consejo, de 11 de julio de 2007, relativo a la ley aplicable a las obligaciones extracontractuales («Roma II»), *DOUE*, L 199/40, de 31 de julio de 2007.

circunstancias. Por ejemplo, pueden existir reglas específicas relacionadas con la protección de los derechos de las partes más débiles o la consideración de leyes imperativas (*lois de police*).

✓ **Interacción con otras leyes:** Aunque los Reglamentos «Roma I» y «Roma II» son instrumentos clave en la UE, su aplicación debe considerar la interacción con otras leyes nacionales relevantes y tratados y convenios internacionales, particularmente aquellos relacionados con bienes culturales y su protección.

La aplicación de los Reglamentos «Roma I» y «Roma II» es fundamental para proporcionar claridad y coherencia en la determinación de la ley aplicable en casos complejos que involucran bienes culturales en un contexto europeo e internacional.

La ley aplicable en casos que involucran bienes del patrimonio histórico español refleja un esfuerzo por equilibrar la protección legal de estos bienes con los principios de justicia y equidad, asegurando así su preservación para futuras generaciones.

Normativa local (autonómica) aplicable.

Se trata de la Ley 5/1998 de 11 de junio, de la Generalitat Valencia, del patrimonio cultural valenciano[16] por la que se definen los bienes muebles e inmuebles que integran el patrimonio de la comunidad valenciana; los mecanismos de colaboración con las entidades públicas, religiosas y también con los particulares a efectos de la protección del patrimonio; las reglas aplicables al comercio y explotación de estos bienes; su clasificación y procedimiento de inventario; el procedimiento para la declaración de «Bien de Interés Cultural» y los mecanismos para su cesión a las autoridades valencianas para su depósito y exposición, entre otras cuestiones.

Por su parte, esta normativa establece un catálogo de infracciones administrativas y sanciones que en la materia que nos ocupa no sería aplicable en la medida en que los procedimientos internacionales de restitución están conectados con normativa de Derecho privado como ya se ha explicado.

---

16.   DOGV Núm. 3267 de 18 de junio de 1998.

Para concluir conviene retener que los casos que afectan al patrimonio de nuestra provincia (ya detallados en el presente estudio) ilustran los complejos retos jurídicos, éticos y morales que impone la restitución de obras de arte saqueadas durante diferentes periodos.

En los procesos de restitución, el demandante inicial que suele ser el primer titular de la obra argumenta —e intenta probar— que esta le fue arrebatada ilegalmente, mientras que el comprador demandado (el tenedor) suele alegar que su adquisición ha sido lícita y de buena fe desde un tercero (vendedor). El primer titular, en ciertos casos, también puede actuar como un tercero interesado, aportando pruebas y reivindicaciones adicionales, cuestiones prácticas que han de ser tenidas en cuenta en todo caso.

Estos casos ponen de relieve la creciente tendencia hacia la cooperación internacional en la protección de bienes culturales y el papel crucial de las convenciones internacionales, como la Convención de la UNESCO de 1970 sobre las Medidas que deben adoptarse para prohibir e Impedir la Importación, la Exportación y la Transferencia de Propiedad Ilícitas de Bienes Culturales[17], en la conformación de las normativas nacionales sobre restitución.

---

17. Convención sobre las medidas que deben adoptarse para prohibir e impedir la importación, la exportación y la transferencia de propiedad ilícitas de bienes culturales» de la *UNESCO*, disponible en: https://es.unesco.org/about-us/legal-affairs/convencion-medidas-que-deben-adoptarse-prohibir-e-impedir-importacion., consultado el 10/09/2024.

V

Conclusiones de la investigación

PRIMERA.— Protección jurídica internacional del patrimonio histórico-artístico y cultural = mero desafío. En la era de la globalización, la protección jurídica internacional del patrimonio histórico-artístico y cultural enfrenta desafíos sin precedentes. El Derecho internacional privado español, en sinergia con las normativas de la Unión Europea y los tratados internacionales, desempeña un papel crucial en la salvaguarda de estos bienes invaluables. Sin embargo, la dinámica cambiante del comercio de arte y las crecientes incidencias de tráfico ilícito exigen una adaptación y fortalecimiento constantes de estas regulaciones.

Es cierto que el tráfico ilícito internacional es un fenómeno delictivo existente desde la antigüedad. Desde la fascinación por el arte y la cultura hasta el simple medio para llegar a la consecución de otro hecho delictivo, nuestra historia está plagada de casos en los que el patrimonio artístico y cultural se ha visto afectado. El notable aumento del robo de bienes culturales propició una mayor seguridad en el tráfico de bienes y la Convención de la UNESCO de 1970 reguló la forma de importación y exportación de bienes culturales. El Convenio UNIDROIT de 1995 elaboró un listado de bienes inventariados y establece un plazo de tres años para interponer la demanda de restitución de un bien.

A los expolios que, generalmente, se producían en el pasado, hoy día, se añade el hecho de que Internet ofrece un instrumento valioso a los traficantes, permitiendo que el tráfico ilícito de bienes culturales sea más rápido, más fácil e incluso más difícil de combatir para las autoridades. Sin embargo, Internet también se puede utilizar en contra de los traficantes. Internet hace que las comunicaciones sean más rápidas y fáciles. Hoy, cuando se roba un objeto, pueden publicarse alertas en todo el mundo rápida y fácilmente. Ahora bien, la función de Internet no se acaba aquí: se han creado muchas bases de datos y soportes lógicos para señalar los objetos robados y ayudar a localizarlos en el mercado cuando los ladrones tratan de revenderlos.

Las organizaciones internacionales han dado pasos muy tímidos para abordar el tráfico ilícito de bienes culturales y las soluciones planteadas pecan por su ambición de falta de realismo, además de considerar aspectos que siendo importantes no abonan en un aspecto fundamental, a saber, la progresiva presencia de las autoridades judiciales derivada de una desigual incorporación de figuras penales.

La complejidad del debate sobre la restitución de bienes culturales es uno de los principales obstáculos para lograr una resolución eficaz. Esta dificultad se centra en encontrar una solución satisfactoria para todas las partes implicadas, lo que a menudo se ve agravado por la dinámica de poder entre naciones, instituciones, museos y particulares que reclaman la devolución de «sus» objetos culturales.

Las normas de protección de los bienes culturales precisan de la distinción de dos situaciones: el caso del conflicto armado y los tiempos de paz. Existe una vía para la restitución de los bienes culturales que cuenta con la interposición de medidas cautelares como forma de protección.

En materia de protección, los acuerdos internacionales velan por la seguridad efectiva del patrimonio a efectos de publicidad, en la realidad, existen casos que, aunque hay normas reguladoras de la protección de determinado bien, los Estados no se encargan de hacerlas efectivas. Las normas internacionales en materia de restitución pueden ser entendidas como un instrumento que asegure la devolución del objeto a su legítimo propietario, si bien pueden parecer efectivas, todo el procedimiento que conllevan, así como la prueba fehaciente que demuestre la titularidad del bien y el tráfico ilícito de la misma, hacen que el proceso sea lento y costoso.

Lo deseable en estas situaciones es la cooperación entre Estados en los casos particulares que puedan presentarse por el tráfico ilícito de bienes culturales así, evitando la interposición de una demanda y todo el proceso que conlleva la misma, el problema obtendría una solución más específica y que supondría un beneficio para ambas partes.

SEGUNDA.— Protección jurídica internacional del patrimonio histórico-artístico y cultural = el Derecho internacional privado al rescate. Desde la perspectiva del Derecho internacional privado español conflictual, se han configurado varias alternativas jurisdiccionales a las que puede recurrir el propietario originario (Estado, comunidad o individuo) para reclamar la restitución internacional de un bien cultural del que ha sido despojado ilícitamente. Las dos alternativas de *lege lata* presentadas se basan en la regla *fórum rei sitae*, que otorga competencia a los tribunales de Estados donde se encuentran los bienes. La escogencia entre una u otra alternativa dependerá, por supuesto, del caso concreto, especialmente del Estado donde el bien se encuentre y si en él son aplicables las respectivas normas.

Más allá, estas alternativas tienen limitaciones, tanto en su contenido como en la forma en que se han configurado. No solo se trata de las dificultades que derivan de ciertos requisitos, como la necesidad de que el bien cultural de que se trate encuadre dentro de la definición legal de cada instrumento normativo, que sea reconocida a nivel nacional la capacidad procesal del propietario originario (por ejemplo, la comunidad indígena), que se respeten los plazos de prescripción establecidos o que se asegure la inmunidad de jurisdicción y de ejecución a los Estados. Además, se trata de que, mediante la competencia de los tribunales del país donde se encuentran los bienes, y la consecuente aplicación de su legislación en tanto *lex fori*, no se asegura suficientemente el respeto de las normas de protección del patrimonio cultural existentes en los países de origen.

Mirando hacia el futuro, se prevé que la cooperación internacional se intensifique, especialmente en la lucha contra el tráfico ilícito de bienes culturales. La implementación de tecnologías avanzadas, como la digitalización y las bases de datos globales, promete mejorar la trazabilidad y la transparencia en el comercio de bienes culturales. Asimismo, es imperativo fomentar una mayor conciencia y educación sobre la importancia del patrimonio cultural, incentivando un enfoque colaborativo entre países, instituciones y el sector privado.

En un plano ético, las pautas existentes para la restitución del arte a menudo cojean en términos de fuerza vinculante. En jurisdicciones como España, la ausencia de un marco jurídico firme no solo ha obstaculizado los esfuerzos de restitución, sino que también ha proyectado una sombra sobre la percepción internacional del país en cuanto a su compromiso con la justicia en el patrimonio cultural[1].

Además, la prescripción crea limitaciones, al igual que los elevados costes[2] asociados a la presentación de demandas y la necesidad de demostrar la mala fe del actual poseedor de los bienes. Otros obstáculos importantes son el principio de irretroactividad de los tratados internacionales, la inalienabilidad de los bienes públicos y las restricciones impuestas a las exportaciones de estos bienes culturales.

La revisión y actualización periódica de las leyes nacionales, alineadas con los estándares internacionales, serán esenciales para abordar las lagunas legales y los retos emergentes. Es crucial que se establezcan mecanismos más eficientes y justos para la restitución y repatriación de bienes culturales, equilibrando los intereses legales con consideraciones éticas y morales.

La resolución de este conflicto de leyes requiere un equilibrio delicado entre principios jurídicos divergentes, consideraciones éticas sobre la restitución de bienes culturales y el respeto a los tratados internacionales.

---

1.   *Vid.* A. ALVARES-GARCIA JÚNIOR, «Un enfoque integrador para la protección del patrimonio histórico, artístico y cultural y los derechos en el ámbito del Derecho Internacional Privado», en *Bitácora Millennium DiPr*, n.º 18, 2023, p. 21, disponible en: https://www.millenniumdipr.com/ba-112-un-enfoque-integrador-para-la-proteccion-del-patrimonio-historico-artistico-y-cultural-y-los-derechos-humanos-en-el-ambito-del-derecho-internacional-privado, consultado el 12/09/2024.

2.   Los costes se calculan sobre el valor del caso, y el valor del caso se deriva del precio estimado de la obra en millones de dólares, lo que hace que la presentación de demandas sea casi inasequible.

La forma en que se resuelva podría sentar no sólo un precedente, sino una solución eficaz importante para futuros casos de restitución de arte y bienes culturales en contextos internacionales.

TERCERA.— Endurecimiento de las sanciones por atentar contra el patrimonio cultural y artístico. Con la tipificación actual del Código Penal, atentar contra el patrimonio no está lo suficientemente castigado para evitar su ejecución, como hemos reflejado en la exposición del supuesto de hecho I de expolio de yacimientos arqueológicos y paleontológicos, ya que con las leves consecuencias que conllevan las apropiaciones indebidas de bienes culturales, estamos dificultando la lucha contra el expolio y facilitando el tráfico ilegal de los bienes sustraídos. Lo que, a su vez, dificulta gravemente la restitución del patrimonio.

Por lo que resulta, imprescindible una revisión y actualización de las penas por apropiaciones indebidas que conlleve un endurecimiento de las mismas, con condenas más gravosas que desalienten las actividades ilícitas en el mercado del arte y las antigüedades Para ello, es necesario la colaboración de todos los partidos políticos con representación en las Cámaras a fin de que de forma consensuada se establezcan penas más rígidas ante estas actuaciones y sean adaptadas a la realidad.

CUARTA.— Problemática de los procedimientos de restitución de bienes culturales. Los procedimientos existentes de restitución del patrimonio artístico son lentos y costosos, entrando en duras y extensas batallas legales que se extienden a lo largo de los años, como hemos podido comprobar en la exposición del supuesto de hecho B, que no fue hasta pasadas décadas después del inicio del procedimiento de restitución contra la familia, cuando la Fundación Julio Muñoz Ramonet logró recuperar el legado del industrial.

El establecimiento de la ley aplicable al caso y la competencia judicial internacional son los aspectos que prolongan la duración de estos procedimientos. A pesar de la existencia de normativas que regulan la protección de bienes, los Estados no se encargan de hacerlas efectivas. Las normas internacionales en materia de restitución pueden ser entendidas como un instrumento que asegure la devolución del objeto a su legítimo propietario, si bien pueden parecer efectivas, todo el procedimiento que conllevan, así como la prueba fehaciente que demuestre la titularidad del bien y el tráfico ilícito de la misma, hacen que el proceso sea lento y costoso.

Es manifiesta la necesidad de colaboración y cooperación entre Estados para establecer normativas específicas y comunes de aplicación en la protección del patrimonio, evitando con ello el expolio que desde hace años se produce con carácter general, a nivel internacional y en particular, en nuestra provincia, como se ha relatado en el supuesto de hecho D.

Asimismo, esta normativa específica y común debe regular claramente la restitución de bienes culturales y la lucha contra el tráfico ilícito, del cual se obtienen suculentos beneficios y establecer los mecanismos adecuados para que estas normativas realmente sean aplicadas y, por tanto, sean eficaces. Del mismo modo, es necesario a su vez, que se establezcan procedimientos comunes y ágiles de restitución del patrimonio, con unas condenas rígidas que eviten la impunidad de estas conductas y faciliten la restitución de los bienes a sus legítimos propietarios.

QUINTA.— Intensificación de la cooperación nacional e internacional. En la exposición del supuesto de hecho B, hemos relatado que la recuperación de las dos obras de arte, de El Greco y Francisco de Goya, se produjo cuando los ladrones trataron de venderlas, ya que las autoridades policiales habían introducido la información y fotos de estas obras en la base de datos de obras de arte sustraídas, tanto a nivel nacional e internacional. Aunque con esta medida de cooperación policial, se lograron recuperar las obras, no fue hasta casi veinte años después de su sustracción.

Los robos en el mundo del arte son un fenómeno grave y preocupante que afecta a la cultura y a la memoria histórica de la humanidad. Durante la exposición del supuesto de hecho C, hemos relatado la sustracción de obras durante un traslado y una exposición en la vía pública Es de vital importancia para la protección, conservación y disfrute de nuestro patrimonio artístico adoptar medidas para evitar que las obras de arte sean constante objeto de sustracciones ilícitas, así como facilitar su restitución.

Por ello y para evitar la tardanza o imposibilidad de restitución de los bienes es importante, por una parte, fortalecer las relaciones de cooperación policiales a nivel nacional e internacional ya existentes, mediante la constante actualización e inclusión de las nuevas tecnologías en sus mecanismos de actuación. Con ello, lograremos proteger y conservar el patrimonio artístico, así como, agilizar la búsqueda, localización y restitución de los bienes a sus legítimos propietarios. Y, por otra parte, se establezcan medidas de cooperación para la puesta a disposición de todas las personas, de la información necesaria tanto sobre la estrategia de prevención de los robos, como sobre el comportamiento que debe adoptarse en caso de robo, de redescubrimiento del bien robado, las acciones de restitución o de reparación de las obras.

Además, cobra vital importancia fortalecer y unificar la colaboración entre los distintos organismos policiales y judiciales, así como con las empresas de redes sociales y del mercado del arte, organizaciones internacionales y comunidades locales para combatir eficazmente el mercado negro de antigüedades.

Sería conveniente, también establecer prácticas de actuación estandarizadas para el mantenimiento de registros y la exigencia de transacciones transparentes, incluida la divulgación de los beneficiarios reales. De esta forma, al aumentar la transparencia, el mercado del arte puede crear un entorno más responsable y disuadir la circulación de artefactos culturales robados.

SEXTA.— Concienciación cultural. En los últimos años, se han incrementado las exposiciones de bienes culturales en recintos privados e incluso en la vía pública, como es el caso de la escultura robada en el paseo de El Campello, a fin de acercar la cultura a la ciudadanía. Y suele ocurrir que durante estas exposiciones los bienes son sustraídos para su posterior venta ilícita o son objeto de actos vandálicos, entrando en juego de nuevo para su recuperación, el arduo procedimiento de restitución de bienes culturales.

Por ello, es fundamental que se fomente la educación y se concientice a la ciudadanía de la importancia que tiene el patrimonio cultural y la necesidad de preservarlo para las generaciones futuras, a través de campañas divulgativas. Es la forma de garantizar que el legado artístico y cultural de nuestra civilización perdure a lo largo del tiempo.

Y es importante que durante los traslados de obras o durante sus exposiciones, se extremen las medidas de seguridad y se adopten eficaces medidas de vigilancia. De este modo, se podrá disfrutar libremente del arte por todos.

Ante el laberinto legislativo, se llega a la conclusión de que el poder legislativo[3], más que el judicial, puede tener mayor capacidad para ofrecer una solución justa y eficaz a estas cuestiones. Esto se debe a que, aunque las decisiones judiciales tienen un impacto político significativo, sólo tienen un efecto *inter partes*, convirtiéndose en un precedente, pero no en una ley que abarque a toda la comunidad internacional. Por el contrario, el poder legislativo tiene la capacidad de recopilar y analizar más a fondo los datos relacionados con las demandas de restitución, lo que le permite elaborar normas y reglamentos adecuados para tratar estos casos.

Es a través de la creación de nueva legislación que será posible abordar adecuadamente los dilemas jurídicos planteados por estos casos de restitución, y para ello los poderes legislativos en diversas jurisdicciones tienen la legitimidad necesaria para promover la construcción de leyes que faciliten la restitución tanto de la propiedad como del pasado.

En definitiva, el futuro de la protección del patrimonio histórico-artístico y cultural en el ámbito del Derecho internacional privado español requiere un enfoque multidimensional, que integre regulaciones robustas, cooperación internacional, avances tecnológicos y una fuerte

---

3.   *Vid.* N. DE CASTRO E SOUZA. OBSTÁCULOS LEGAIS À RESTITUIÇÃO E REPATRIAÇÃO DE BENS CULTURAIS: Perspectivas Atuais no Direito Internacional. 2023. 88 f. Trabajo de Fin de Grado — Derecho, Universidade Federal do Rio Grande do Sul, Porto Alegre, 2023. Disponible en: https://lume.ufrgs.br/handle/10183/261964, consultado el 12/09/2024.

conciencia cultural. La cooperación judicial en materia de tráfico ilícito de bienes culturales se encuentra condicionada en la actualidad por la ausencia de un marco normativo específico que exige a su vez una mínima armonización de las legislaciones penales de los estados en un marco lo más global posible y el establecimiento de medidas que garanticen el embargo de los bienes en circulación. Solo a través de estos esfuerzos colectivos podremos asegurar que nuestro rico legado cultural se preserve y respete para las generaciones futuras, manteniendo vivo el diálogo entre nuestro pasado histórico y el mundo contemporáneo.

Bibliografía consultada

A. ALVARES-GARCIA JÚNIOR, «Un enfoque integrador para la protección del patrimonio histórico, artístico y cultural y los derechos en el ámbito del Derecho Internacional Privado», en *Bitácora Millennium DiPr*, n.º 18, 2023, disponible en: https://www.millenniumdipr.com/ba-112-un-enfoque-integrador-para-la-proteccion-del-patrimonio-historico-artistico-y-cultural-y-los-derechos-humanos-en-el-ámbito-del-derecho-internacional-privado

A. BICKFORD, «Nazi-Looted Art: Preserving a Legacy», en *Journal of International Law*, N.º 49, 2017, pp. 115-127.

A. CHECHI, E. VELIOGLU y M-A. RENOLD, «Case 14 Artworks — Malewicz Heirs and City of Amsterdam», December 2013, disponible en: https://plone.unige.ch/art-adr/cases-affaires/14-paintings-2013-malewicz-heirs-and-city-ofamsterdam/case-note-2013-14-artworks-2013-malewicz-heirs-and-city-of-amsterdam

A. FREUNDSCHUH, «Crime stories in the historical urban landscape: narrating the theft of the Mona Lisa», en *Urban History*, vol. 33, N.º 2, 2006, pp. 274-292.

A. L. CALVO CARAVACA / C. M. CAAMIÑA DOMÍNGUEZ, «Derecho a la cultura versus comercio internacional de obras de arte», en *Revista Crítica de Derecho Inmobiliario*, Año LXXXIV, n. º 705, 2008.

A. L. CALVO CARAVACA / C. M. CAAMIÑA DOMÍNGUEZ, «El caso Klimt», en A. L. Calvo Caravaca/E. Castellanos Ruíz (Dir.), *La Unión Europea ante el Derecho de la Globalización*, Madrid, 2008.

A. L. CALVO CARAVACA / C. M. CAAMIÑA DOMÍNGUEZ, «L'incorporation au régime juridique espagnol de la normative communautaire de restitution de biens culturels», en *Cuadernos de Derecho Transnacional*, 2010.

A. L. CALVO CARAVACA / C. M. CAAMIÑA DOMÍNGUEZ, «El Convenio de Unidroit de 24 de junio de 1995», en C. R. Fernández Liesa / J. Prieto de Pedro (dirs.), *La protección jurídico internacional del patrimonio cultural. Especial referencia a España*, Madrid, Colex, 2009.

A. L. CALVO CARAVACA / J. CARRASCOSA GONZÁLEZ, «Breves reflexiones sobre las obras de arte robadas por los nazis», en *Cuadernos de Derecho Transnacional*, octubre 2023, Vol. 15, N.º 2, pp. 198-250.

A. L. CALVO CARAVACA / J. CARRASCOSA GONZÁLEZ, *Tratado de Derecho internacional privado*, editorial Tirant lo Blanch, Valencia, 2020.

A. L. CALVO CARAVACA, «Private international law and the Unidroit convention on 24th June 1995 on stolen or illegally exported cultural objects», *Festschrift für Erik Jayme*, München, Sellier, 2004.

A. ORTEGA GIMÉNEZ *Código Universitario de Derecho Internacional Privado. Tomos I y II*, Madrid, BOE, 2023.

A. ORTEGA GIMÉNEZ y L. HEREDIA SÁNCHEZ, *Materiales de Derecho Internacional Privado para el Grado en Derecho*, 3.ª edición, Economist & Jurist, Difusión Jurídica, Madrid, 2021.

A. ORTEGA GIMÉNEZ (Dir.), *Arte, Derecho y Comercio Internacional*, Editorial Thomson Reuters Aranzadi, Cizur Menor (Navarra), 2022.

A. ORTEGA GIMÉNEZ, «Derecho internacional privado en estado puro y la reconciliación con el pasado histórico y artístico, a propósito de La Dama de oro», en A. ORTEGA GIMÉNEZ y L.S. HEREDIA SÁNCHEZ (Dirs.), A. CASTELLANOS CABEZUELO (Coord.), *Arte, Cine, Derecho y Comercio internacional*, Editorial Aranzadi, Cizur Menor (Navarra), 2023, pp. 249-272.

A. ORTEGA GIMÉNEZ, «Litigios internacionales sobre propiedad de bienes culturales muebles en Derecho internacional privado español» (Capítulo XI), en A. ORTEGA GIMÉNEZ (Dir.), *Arte, Derecho y Comercio Internacional*, Editorial Aranzadi, Cizur Menor (Navarra), diciembre 2022, pp. 219-242.

A. ORTEGA GIMÉNEZ, «The Monuments Men o cómo evitar la destrucción de miles de años de cultura de la humanidad», en A. ORTEGA GIMÉNEZ y L.S. HEREDIA SÁNCHEZ (Dirs.), A. CASTELLANOS CABEZUELO (Coord.), *Arte, Cine, Derecho y Comercio internacional*, Editorial Aranzadi, S.A.U., Cizur Menor (Navarra), 2023, pp. 219-236.

A. ORTEGA GIMÉNEZ, «TRIBUNA: Arte, Derecho y Comercio Internacional. A propósito del litigio sobre el cuadro "Rue ST. Honoré, Aprés midi, effet de pluie", del pintor impresionista francés Camille Pissarro» (artículo de opinión), IBERLEY. El valor de la confianza, Editorial COLEX, A Coruña, 6 de febrero de 2024. Disponible en: https://www.iberley.es/revista/tribuna-arte-derecho-y-comercio-internacional-proposito-litigio-cuadro-rue-st-honore-apres-midi-effet-pluie-pintor-impresionista-frances-camille-pissarro-923

A. ORTEGA GIMÉNEZ, *Arte y Derechos Humanos*, Editorial COLEX, S.L., A Coruña (España), 2023.

A. ROMA VALDES, *Comercio y circulación de bienes culturales. Guía jurídica para profesionales y coleccionistas de arte y antigüedades*, 2011.

A.L O'CONNOR, *La dama de oro, la historia extraordinaria del Retrato de Adele Bloch-Bauer, obra maestra de Gustav Klimt*, Madrid, Vaso Roto Ediciones, 2015.

A.-L. CALVO CARAVACA y J. CARRASCOSA GONZÁLEZ, «Breves reflexiones sobre las obras de arte robadas por los nazis», en *Cuadernos de Derecho Transnacional*, octubre 2023, Vol. 15, N.º 2.

A.-L. CALVO CARAVACA y J. CARRASCOSA GONZÁLEZ, «El Derecho internacional privado: concepto, caracteres, objeto y contenido», en A.-L. CALVO CARAVACA y J. CARRASCOSA GONZÁLEZ (Dirs.), Tratado de Derecho internacional privado, 2ª ed., Tomo I, Valencia, Tirant lo Blanch, 2022.

A.L. LEVINE, «The need for uniform legal protection against cultural property theft: A final cry for the 1995 Unidroit convention», en *Brooklyn Journal of International Law*, número 36, 2010, pp. 751-759.

A.L. PARRISH, «Sovereignty, Not *Due process*: Personal Jurisdiction over Nonresident Aliens», en *Wake Forest Law Review*, 41, 2006, pp. 1-60.

B. L. CARRILLO, «Tráfico nacional ilícito de bienes culturales y DIPr», *Anales de Derecho de la Universidad de Murcia*, 2001.

C. M. CAAMIÑA DOMÍNGUEZ, «El caso o los casos Gurlitt», en L. PÉREZ-PRAT DURBÁN/G. FERNÁNDEZ ARRIBAS (Eds.), *Holocausto y bienes culturales*, Huelva, Servicio de Publicaciones Universidad de Huelva, 2019.

C. M. CAAMIÑA DOMÍNGUEZ, *Conflicto de jurisdicción y de leyes en el tráfico ilícito de bienes culturales*, Colex, Madrid, 2007.

C. M. CAAMIÑA DOMÍNGUEZ, RESTITUCIÓN Y NACIONALISMO CULTURAL. Tiempo de Paz: Arte y Valores, v. 149, n. 7, p. 52-61, verano 2023. Trimestral. Disponible en: https://revistatiempodepaz.org/wp-content/uploads/2023/08/R-149.Tiempo-de-Paz_online_.pdf#page=54

C. M. CALLAHAN, C. T. BEA, Y S. S. IKUTA, «DAVID CASSIRER; THE ESTATE OF AVA CASSIRER; UNITED JEWISH FEDERATION OF SAN DIEGO COUNTY, a California nonprofit corporation, Plaintiffs-Appellants, v. THYSSEN-BORNEMISZA COLLECTION FOUNDATION, an agency or instrumentality of the Kingdom of Spain, *Defendant-Appellee*», *United States Court of Appeals for the Ninth Circuit*, n.º 19-55616, California, 2022, pp. 1-39, disponible en: https://cdn.ca9.uscourts.gov/datastore/opinions/2024/01/09/19-55616.pdf

C.E. SMITH, «World War II Art Restitution Exhibitions: A Step in the Right Direction or Not Far Enough?», en *The iJournal: Student Journal of the Faculty of Information*, vol. 7, N.º 3, 2022, pp. 70-76.

C.W. RHODES y C.B. ROBERTSON, «Toward a New Equilibrium in Personal Jurisdiction», en *UC Davis Law Review*, 48, 2014, pp. 207-270.

E. RODRÍGUEZ PINEAU Y C. MARTÍNEZ CAPDEVILA, «La protección de los bienes culturales en la Unión Europea: un régimen puesto a prueba», Pérez-Prat Durbán, L. / Lazari, A. (coords.), *El tráfico de bienes culturales*, Tirant lo Blanch, Valencia, 2015, pp. 227-269.

E. RODRIGUEZ PINEAU, «¿Retener o retornar? Reflexiones sobre la solución material del asunto Cassirer c. Fundación Thyssen-Bornemisza», en L. PÉREZ-PRAT DURBÁN/G. FERNÁNDEZ ARRIBAS, *Holocausto y bienes culturales*, Huelva, Servicio de Publicaciones Universidad de Huelva, 2019.

E. RODRIGUEZ PINEAU, «Adhesión de España al Convenio de Unidroit sobre bienes culturales robados o exportados ilegalmente de 1995», vol. LV, *REDI*, 2003.

F. VISCHER, «Bemerkungen zum Verhältnis von internationaler Zuständigkeit und Kollisionsrecht», en *Mélanges Alfred E. von Overbeck*, Fribourg, 1990, pp. 349-377.

F. R. SEPULCRE, DELITOS CONTRA EL PATRIMONIO HISTÓRICO: EVOLUCIÓN, ANÁLISIS CRÍTICO Y AGENTES INVOLUCRADOS. 2023. 50 f. Trabajo de Fin de Grado — Curso de Doble Grado en Criminología y Psicología, Universidad Rey Juan Carlos, Madrid, 2024.

H. FELICIANO, *El museo desaparecido: La conspiración nazi para robar las obras maestras del arte mundial*, Ediciones Destino, Barcelona, 2004.

H.N. SPIEGLER, «Litigation against a Foreign Sovereign in the United States to Recover Artworks on Temporary Loan: The Malewicz Case», en *Bringing Together the World's Lawyers*, n.º 2007-1, disponible en: https://www.tagalliances.com/files/Specialty%20Group%20News/litigation/Herrick_Juriste%20International.pdf

I. AMBROSIO LUNA, «Restitución de obras de arte expoliadas por el régimen nazi: principales aspectos jurídicos del caso Cassirer», en *Revista Cultus et Ius*, n.º 2, 2023, pp. 5-39.

I. BLANCO CORDERO; E.F. CAPARRÓS; V. PRADO SALDARRIAGA; G. SANTANDER ABRIL y J. ZARAGOZA AGUADO, *Combate al Lavado de Activos desde el Sistema Judicial*, 5ª edición. disponible en: https://www.oas.org/es/ssm/ddot/publicaciones/LIBRO%20OEA%20LAVADO%20ACTIVOS%202018_4%20DIGITAL.pdf

I. KUNDA, «US Ninth Circuit rules in favor of Spain in a decades-long case concerning a painting looted by the Nazis», *Conflict of Laws.net Views and News in Private International Law*, 17 de enero de 2024, disponible en https://conflictoflaws.net/author/ivana-kunda

INSTITUTO DE ARTE CONTEMPORÁNEO, «La autenticidad en el arte: Desafíos y enfoques», 2023, disponible en: https://www.artecontemporaneo.com

J. A. SÁNCHEZ CORDERO, *La Convención de la Unesco de 1970: sus nuevos desafíos*, México, Universidad Nacional Autónoma de México, 2013.

J. DRYSDALE, «Malewicz v. City of Amsterdam. F. SUPP. 2D 298 (D.D.C. 2005)», en De Paul J. Art, Tech.& Intell. Prop. L., 16, 2005, pp. 161-172, disponible en: https://via.library.depaul.edu/jatip/vol16/iss1/5

J. M. SÁNCHEZ FELIPE, «El Convenio de UNIDROIT sobre los bienes culturales robados o exportados ilícitamente, hecho en Roma el 24 junio 1995», en REDI, 1996.

J. MEMBA, «Colección Gurlitt: el arte que robaron los nazis», en Tiempo, N.º 1627, 2013, pp. 60-63.

J.M. CARRUTHERS, «Cultural Property and Law — An International Private Law Perspective», en Juridical Review, 3, 2001, pp. 27-45.

J.P. RAPP, NS-Raubkunst vor amerikanischen Gerichten: aktuelle Entwicklungen der restitution litigation in den USA, Tübingen, Mohr Siebeck, 2021.

K. Browne y R. Murray, «The Emergence of the International Protection of Cultural Heritage», en International Law of Underwater Cultural Heritage: Understanding the Challenges, Cham, Springer International Publishing, 2023, pp. 107-191.

K. FACH GOMEZ, «Algunas consideraciones en torno al Convenio de Unidroit sobre bienes culturales robados o exportados ilegalmente», en AEDIP, 2004.

K. M. BURMON, «Challenges to study: Difficulties arising in studying fine art. theft», en Global Perspectives on Cultural Property Crime, Routledge, 2023, pp. 160-174.

L. MARTÍN REBOLLO, El comercio del Arte y la UE, Cuad. Civitas Est. Eropeo, Madrid, 1994.

M. FRIGO, Circulation de biens culturels, détermination de la loi applicable et méthodes de règlement des litiges, La Haye, Académie de droit international de La Haye, 2016.

M. GALLEGO MORELL, «El Derecho y sus relaciones con el Arte», Boletín de la Facultad de Derecho, núm. 3, 2ª época, Universidad Nacional de Educación a Distancia (España), Facultad de Derecho, 1993.

M. J. ELVIRA BENAYAS, «Transposición al ordenamiento español de la Directiva 2014/60 UE sobre restitución de bienes que hayan salido de forma ilegal de un Estado miembro mediante la Ley 1/2017», en *REDI*, 2018.

M. SUAREZ MANSILLA, «Nuevas medidas de lucha contra el tráfico ilícito de bienes culturales: especial referencia a los reglamentos (UE) 2019/880», en oord. por J. PERIAGO MORANT; C. GUISASOLA LERMA (dir.) *Tutela de los bienes culturales: una visión cosmopolita desde el derecho penal, el derecho internacional y la criminología*, Tirant lo Blanch, Valencia, 2021, pp. 613-661.

M. SUAREZ MANSILLA «¿Cómo se entiende la diligencia debida en el mercado del arte actual?», en ORTEGA GIMÉNEZ, A. *Arte y Derecho del comercio internacional*, Aranzadi, Navarra, 2022, pp. 315-328.

M. WELLER, «Kollisionsrecht und NS-Raubkunst: U.S. Supreme Court», en *Entscheidung*, vol 21, April 2022, 596 U.S. 142 S.Ct. 1502 (2022) — Cassirer et al./. Thyssen-Bornemisza Collection Foundation, *IPRax*, 2023, 1, pp. 97-100.

M. Wilson, «Art disputes», en *Art Law and the Business of Art*, Edward Elgar Publishing, 2022, pp. 349-381.

N. REVES, «Cultural heritage, international criminal law and protection of human rights between history and jurisprudence», en *Yearbook of International & European Criminal and Procedural Law*, N.º 1, 2023, pp. 197-247.

N. DE CASTRO E SOUZA, OBSTÁCULOS LEGAIS À RESTITUIÇÃO E REPATRIAÇÃO DE BENS CULTURAIS: Perspectivas Atuais no Direito Internacional. 2023. 88 f. Trabajo de Fin de Grado — Derecho, Universidade Federal do Rio Grande do Sul, Porto Alegre, 2023. Disponible en: https://lume.ufrgs.br/handle/10183/261964

P. M. ALL y J. R., ALBORNOZ, «La inmunidad de jurisdicción y de ejecución de los Estados extranjeros a la luz de la legislación y la jurisprudencia argentina», en *DeCITA (Derecho del Comercio Internacional. Temas y actualidades)*, n.º 4 (Litigio judicial internacional), 2006, Buenos Aires, Zavalía, 2005, pp. 115-146.

P. M. ALL, «La dama de oro. Entre el acceso a la justicia, la inmunidad y el arbitraje», en ORTEGA GIMÉNEZ, Alfonso (Dir.) y otros, *Inmigración y cine, Colección Cuadernos de Inmigración y Cine del Observatorio Provincial de* la *Inmigración de Alicante, 3.2021*, 1ª edición, Editorial Thomson Reuters Aranzadi, Cizur Menor (Navarra), 2021, pp. 247-280.

Q. BRYNE-SUTTON, «Arbitration and mediation in art-related disputes», en *Arbitration International*, vol. 14, N.° 4, 1998, pp. 447-456.

R.E. DEGNAN y M.K. KANE, «The Exercise of Jurisdiction over and Enforcement of Judgments against Alien Defendants», en *The Hastings Law Journal*, 39, 1988, pp. 799-855.

S. MANACORDA y C. DUNCAN, *Crime in the art. and antiquities world: Illegal trafficking in cultural property*, Springer Science & Business Media, 2011.

S. PÉREZ, «David Cassirer apelará la decisión de otorgar al Thyssen un Pissarro robado por los nazis», Agencia EFE, S.A., Madrid, 11 de enero de 2024, disponible en: https://efe.com/cultura/2024-01-11/david-cassirer-apelara-la-decision-de-otorgar-al-thyssen-un-pissarro-robado-por-los-nazis-2

S. ROMEIKE, «La justicia transicional en Alemania después de 1945 y después de 1898», International Nuremberg Principles Academy, caso de estudio N.° 1, Nuremberg, 2016, pp. 31 y ss., disponible en https://www.nurembergacademy.org/fileadmin/media/pdf/publications/Justicia_transicional_en_Alemania.pdf

S. TOMAS CUADRADA GARCÍA-LOZANO, «Algunas reflexiones sobre el caso Cassirer c. Fundación Thyssen-Bornemisza desde el Derecho internacional Público», en L. PÉREZ-PRAT DURBÁN/G. FERNÁNDEZ ARRIBAS, *Holocausto y bienes culturales*, Huelva, Servicio de Publicaciones, Universidad de Huelva, 2019.

S.T. GARCÍA-LOZANO, «Las obras de arte del Estado y su inmunidad», en *Anuario Colombiano de Derecho Internacional*, vol. 10, 2017, pp. 401-426.

SALTARELLI, «Restitución del arte saqueado en Europa: pocos casos, muchos obstáculos», en *Revista La Propiedad Inmaterial*, n.° 25, 2018, pp. 141-153.

T. CLACK y M. DUNKLEY, «Introduction: Culture, heritage, conflict», en *Cultural Heritage in Modern Conflict*, Routledge, 2023, pp. 1-27. Un caso notable de confiscación fue el de la colección de arte del alemán Cornelius Gurlitt (Pablo Picasso, Henri Matisse, Marc Chagall, etc.).

T.D. PETERSON, «The Timing of Minimum Contacts», en *George Washington Law Review*, 79, 2010, pp. 101-160.

V. FUENTES CAMACHO, «La lucha contra el tráfico ilícito internacional de obras de arte en el tránsito del segundo al tercer milenio», en *Bitácora Millennium DIPr.*, N.º 15 enero-junio 2022, pp. 1-32, disponible en: https://www.millenniumdipr.com/archivos/1661844670.pdf

V. FUENTES CAMACHO, *El tráfico ilícito internacional de bienes culturales*, Madrid, Eurolex, 1993.

VII

Otras fuentes de información

COMISIÓN EUROPEA, «Normas de la UE para la protección del patrimonio cultural Importación y exportación de bienes culturales», disponible en https://ec.europa.eu/taxation_customs/business/customs-controls/cultural-goods_en

E. PLANCHE, *Lucha contra el tráfico ilícito de bienes culturales en Internet: Respuesta de la UNESCO y sus socios*, División de objetos culturales y del patrimonio inmaterial, Organización de las Naciones Unidas para la Educación, la Ciencia y la Cultura, París, 2022.

INSTITUTO DE ARTE CONTEMPORÁNEO, «La autenticidad en el arte: Desafíos y enfoques», 2023, disponible en: https://www.artecontemporaneo.com

MINISTERIO DE JUSTICIA DE ESPAÑA, «Sucesiones internacionales en España», disponible en: https://www.mjusticia.gob.es

OFICINA DE LAS NACIONES UNIDAS CONTRA LA DROGA Y EL DELITO, «Manual de cooperación en el decomiso del producto del delito», disponible en: https://www.unodc.org/documents/organized-crime/Publications/Confiscation_Manual_Ebook_S.pdf

UNESCO, «Fighting the Illicit Trafficking», disponible en: https://unesdoc.unesco.org/ark:/48223/pf0000266098

UNODOC. Protección contra el tráfico de bienes culturales. Reunión del grupo de expertos sobre la protección contra el tráfico de bienes culturales, 28 de octubre de 2009, disponible en: https://www.unodc.org/documents/treaties/organized_crime/UNODCCCPCJEG12009CRP1S.pdf